现代汉语句法歧义的
韵律解歧实验研究

张 妍 著

哈尔滨工业大学出版社

图书在版编目（CIP）数据

现代汉语句法歧义的韵律解歧实验研究／张妍著. — 哈尔滨：哈尔滨工业大学出版社，2023.3
ISBN 978-7-5767-0755-7

Ⅰ.①现… Ⅱ.①张… Ⅲ.①现代汉语－句法－研究 Ⅳ.①H146.3

中国国家版本馆 CIP 数据核字（2023）第 070823 号

策划编辑　闻　竹
责任编辑　赵凤娟
封面设计　博鑫设计
出版发行　哈尔滨工业大学出版社
社　　址　哈尔滨市南岗区复华四道街 10 号　邮编 150006
传　　真　0451－86414749
网　　址　http：//hitpress.hit.edu.cn
印　　刷　哈尔滨久利印刷有限公司
开　　本　787mm×1 092mm　1/16　印张 9.5　字数 230 千字
版　　次　2023 年 3 月第 1 版　2024 年 5 月第 2 次印刷
书　　号　ISBN 978-7-5767-0755-7
定　　价　68.00 元

（如因印装质量问题影响阅读，我社负责调换）

芳林新叶催陈叶，流水前波让后波
——《现代汉语句法歧义的韵律解歧实验研究》序

我与张妍博士已经相识五年时间。虽然我俩不是师生关系，但在语言研究和语言教育方面常有探讨与合作。她积极进取、严谨治学的品质是我一直都非常欣赏的。正是由于这些品质，近些年来张妍博士取得了不小的成绩，她主持了多项课题，发表了一些高质量的论文。我对张妍博士取得的成绩感到很欣慰。

近日读到张妍博士即将付梓的著作《现代汉语句法歧义的韵律解歧实验研究》，我为之一振，专业术语并不妨碍阅读的快感，竟有一种一直想读、停不下来的感觉。多年来我一直从事语言服务工作，尤其是语言翻译，深刻体会到语言文字工作的枯燥乏味，这一工作对工作人员的体力和脑力要求都很高。从事这一行业的人，几乎都盼望着尽快出现能够认识语言、理解语言、为大众生活服务的智能翻译机器。张妍博士从事的实验语言学研究就是这一领域的有益探索。

要想让机器读懂语言，必须清楚地了解语法规则，并且让机器学会这些规则。现代语言学已经探讨并总结出了许多规则，也基本上能满足机器识别的需要。但汉语独特的结构超出了现有的解释体系，还有待进一步探索。而且，汉语中还存在一些复杂的问题，如有些句子或者结构具有歧义。人们在交际中可以通过预设、蕴含等缺省知识及肢体语言或者提问来解决这些歧义问题，但基于算法的计算机不同于人脑，需要依靠更复杂的规则来理解歧义结构，就目前而言尚没有成熟有效的办法，是当前学术界一直在努力突破的难题。

张妍博士选准学界的重点研究问题，多年来深耕不缀，已在此领域完成了多项研究成果。此次她将实验语音学与歧义研究结合起来，用语音实验的手段解决句法歧义的问题。这一创意非常新颖，也非常实用。张妍博士的著作第1章从基础的单字音的语音韵律特征讲起，帮助初次接触实验语音学的人了解这一语言学分支的基础知识，不会让读者因为不了解基础知识而失去阅读的兴趣。第2章接着介绍现代汉语双字组的语音韵律特征。通过阅读这两章，读者会认识到原来汉字的语音并非固定不变，它会根据不同搭配、位置及语法结构等表达需要而发生音变。这就为接下来通过语音实验分析韵律特征解歧提供了理论依据和实验依据。接下来的几章是本书的重点内容，分别从结构层次歧义和结构关系歧义两类歧义入手，全面系统地探讨如何通过语音实验发现语音韵律特征线索，解决自然语言中的歧义问题。每一章的内容都非常详尽，分别对比了歧义句表达不同语义时在音高（起伏度）、音长（时长比）、音强（音量比）三个语音韵律特征表现方面的异同，不仅让读者了解了是什么，更明白了为什么。这样的研究，以事实为基础，以数据为依据，说服力强，让读者信服。

张妍博士的研究，注重科学性和严谨性，以语音实验这种更加科学、更接近自然科学的研究手段，解决了现代汉语研究中多年来一直让研究者头疼的歧义问题，这种研究方式值得其他学者学习借鉴。整个研究过程中，研究方法的选择、发音对象的挑选、实验数据的分析与整理，都符合科学研究规范，从中可以看出张妍博士较高的科研素养和严谨的科研作风。由于有这样新颖的选题和科学研究的学风做保证，著作中自然会得到一些新颖独到的研究结论。例如，"说话人在表达结构关系歧义的不同语义时，焦点新信息或话语中心处音长延长和音强增强明显，但是音高抬高不明显或与音长延长、音强增强位置不一致""说话人在表达结构层次歧义和结构关系歧义的不同语义时可以自发而稳定地产出韵律解歧线索。歧义结构的语音韵律特征整体表现较为稳定，韵律特征一致性较强"，这些发现都是具有一定开创性的结论，不仅能够帮助我们认识歧义结构的语言特征，还能够帮助计算机解歧，提高人机交互的准确性和实用性；不仅具有学术价值，更具有实用价值。

一分耕耘，一分收获。张妍博士能取得这些成就，与她多年来的努力和勤奋是分不开的。年轻学者要持续取得成就，不仅需要自身努力，还需要得到学界和社会的关怀。希望学界更多关注实验语言学这种交叉学科的研究领域、关心青年学者的工作和生活，给他们创造更加宽松舒适的环境。只有这样，我们的学术研究才具有持续的发展动力。

祝愿张妍博士再接再厉，不断取得新成绩。也希望学界共同努力，培养出更多像张妍博士这样优秀的年轻学者。

上海大学二级教授
博士研究生导师　赵彦春
壬寅年腊月于上海

前　言

　　本书基于"韵律格局"的理论框架,采用语音实验的方法,使用 T 值、起伏度、时长比和音量比的量化指标考察现代汉语普通话单字音、双字组的韵律特征(音高、音长和音强)。在总结现代汉语普通话单字音与双字组语音韵律特征的基础上,进一步系统全面地整理句法歧义在语音上的表现,厘清语音特征在不同类型句法歧义中的对应表现和在解歧中的作用。以语音层面韵律特征为突破口,更加系统、深入、科学地把握和解释句法歧义现象。本书的研究得到如下主要结论。

　　(1)说话人利用不同的韵律特征表达结构层次歧义和结构关系歧义的不同语义。这表明,说话人在不同情境下表达结构层次歧义和结构关系歧义的不同语义时,能够通过利用语音韵律特征,把想表达的不同语义区分出来。

　　(2)说话人在表达结构层次歧义和结构关系歧义的不同语义时,韵律三要素表现整体一致,但细节不同。说话人在表达结构层次歧义的不同语义时,韵律三要素音高、音长、音强均呈现出焦点新信息或话语中心处的韵律增强。具体表现为音高抬高、音长延长和音强增强。但是说话人在表达结构关系歧义的不同语义时,韵律三要素——音高、音长、音强中,音高的表现与音长和音强的表现不一致。焦点新信息或话语中心处音长延长和音强增强明显,但是音高抬高不明显或与音长延长、音强增强位置不一致。

　　(3)说话人在表达结构层次歧义和结构关系歧义的不同语义时,可以自发而稳定地产出韵律解歧线索。本书对说话人表达结构层次歧义和结构关系歧义不同语义时的语音韵律特征进行了深入的实验研究,结果发现歧义结构的语音韵律特征整体表现较为稳定,韵律特征一致性较强。

　　语音系统作为语言系统的分系统之一,利用它与语法、语义系统相互制约和相互作用的关系,比较不同情境下歧义结构的语音韵律表现及歧义句的韵律特征数据差异,可以协助界定句子语义,为韵律与信息结构的交互作用提供新的材料和数据支撑,为其他语法研究提供新视角。

作　者
2022 年 10 月

目 录

绪论 ··· 1
    第1节 研究意义 ··· 1
    第2节 研究思路 ··· 2
    第3节 内容框架 ··· 3

第1章 文献综述 ·· 5
    第1节 现代汉语语音研究综述 ································· 5
    第2节 现代汉语歧义研究综述 ································· 8

第2章 研究设计 ·· 12
    第1节 理论基础 ··· 12
    第2节 实验设计 ··· 13
    第3节 实验方法 ··· 14

第3章 普通话单字音语音特征分析 ···································· 22
    第1节 普通话单字音音高分析 ································· 22
    第2节 普通话单字音音长分析 ································· 39
    第3节 普通话单字音音强分析 ································· 43

第4章 普通话双字组语音特征分析 ···································· 48
    第1节 普通话双字组音高分析 ································· 48
    第2节 普通话双字组音长分析 ································· 66
    第3节 普通话双字组音强分析 ································· 72

第5章 "得"字句句法解歧韵律分析 ································· 78
    第1节 实验材料 ··· 78
    第2节 实验结果 ··· 78
    第3节 结果讨论 ··· 83

第6章 "也"字句句法解歧韵律分析 ································· 84
    第1节 实验材料 ··· 84

第 2 节	实验结果	85
第 3 节	结果讨论	92

第 7 章 "的"字句句法解歧韵律分析 … 93

第 1 节	实验材料	93
第 2 节	实验结果	94
第 3 节	结果讨论	102

第 8 章 "和"字句句法解歧韵律分析 … 104

第 1 节	实验材料	104
第 2 节	实验结果	105
第 3 节	结果讨论	112

第 9 章 动宾/偏正句法解歧韵律分析 … 114

第 1 节	实验材料	114
第 2 节	实验结果	114
第 3 节	结果讨论	121

第 10 章 同位/偏正句法解歧韵律分析 … 123

第 1 节	实验材料	123
第 2 节	实验结果	123
第 3 节	结果讨论	129

第 11 章 结语 … 131

第 1 节	主要结论	131
第 2 节	不足与展望	133

附录 … 134

参考文献 … 137

后记 … 141

绪　　论

　　语言以语音作为物质基础,在表情达意的过程中,语音的韵律特征起到重要作用,是语言表达的重要组成部分。朱德熙(1980)[①]曾讲到"一种语言语法系统里的错综复杂和精细微妙之处往往在歧义现象里得到反映"。然而,"书面语上有歧义的句子,多数在口头上没有歧义"(殷作炎,1990)[②],原因就在于口语表达中丰富的韵律因素可以帮助语义的理解。因此分析歧义现象会给我们许多有益的启示,使我们对于语法现象的观察和分析更加深入。本书将采用实验语音学的研究方法,从现代汉语普通话单字音和双字组声调的语音韵律特征入手,分别考察句法歧义中结构层次歧义和结构关系歧义两大类歧义结构在不同语义下的韵律特征(音高、音长和音强),并尝试用"韵律格局"的理论对研究结果进行分析。

第1节　研究意义

　　运用声学分析的方法对现代汉语普通话单字音和双字组的语音韵律特征进行系统分析,可以解释普通话声调的声学相关物音高、音长和音强之间的规律,有助于深入研究现代汉语普通话声调的语音特征,并将它与其他语言的表现进行对比,可以为语言普遍性和语言类型学研究提供依据。

　　语音学的研究可以为音系学理论提供实验基础,同时也可以检验音系学理论适用范围。我们以单字音和双字组为切入点,探讨单字音和双字组中声调的音高、音长、音强方面的语音特征,其研究成果将会丰富现代汉语普通话声调语音特征研究,也能促进现代汉语普通话声调音系学理论的检验和完善。

　　现代语言信息处理技术的发展为现代汉语普通话声调音高、音长和音强等语音特征的控制和修改提供了更完备的技术支持,提高了语音合成技术水平。影响语音合成水平的两大主要因素就是清晰度和自然度,而采用波形拼接技术提高自然度的基础就是对语音超音段特征音高、音长、音强等的控制。由此可见,深入全面地对单字音和双字组中声调的语音特征的探索,对提高语音合成的自然度具有十分重要的意义。

　　基于单字音和双字组的语音韵律特征研究对语音教学及普通话测试标准的制定具有参考价值。在对外汉语教学中,全面掌握汉语普通话声调不同组合的语音特征规律可以帮助留学生摆脱"洋腔洋调"现状。对外汉语教学中的语音教学对普通话单字音声、韵、调的教学关注较多,对双字组、句子中声调语音特征关注较少。对双字组及语句

---

① 朱德熙.现代汉语语法研究[M].北京:商务印书馆,1980.
② 殷作炎.歧义和话语节律[J].语文研究,1990(3):23-29.

中声调语音特征的研究,有助于为中、高级阶段的对外汉语教学提供教学内容和理论依据。此外,还可以为普通话推广和测试标准的制定提供参考。

歧义问题的研究一直停留在句法语义层面,语音系统作为语言系统的分系统之一,从来都不是孤立存在和独自作用的,利用它与语法、语义系统相互制约和相互作用的关系,从现代汉语普通话单字音和双字组声调的语音韵律特征入手,分别考察句法歧义中结构层次歧义和结构关系歧义两大类歧义结构在不同语义下的语音韵律特征(音高、音长和音强)很有必要,可以为歧义研究中的争议问题提供语音佐证。

学界对歧义问题的研究延续传统语法研究方法,对语料的处理多以调查和内省为主,对一些问题的解释力有所欠缺。实证化的研究方法和传统语言学理论研究相结合,可以更好地解决问题。范式的实证化语音实验为语言研究提供了科学严谨的数据支撑。

比较不同情境下歧义结构的语音韵律表现及歧义句的韵律特征数据差异,可以协助界定句子语义,为韵律与信息结构的交互作用提供新的材料和数据支撑,这都为其他语法研究提供了新视角,为其他和语音相关的语法问题及韵律接口问题提供研究范式参考。

在语音合成方面,帮助机器更好地学习与生成符合人类语言韵律特征的句子,提高人机交互效率及自然度。在语音识别方面,为机器理解说话者真正的话语层次或焦点意图提供可靠的数据参考。在心理学上,从语音角度研究歧义问题有助于探讨不同语言认知加工过程的普遍性规律和某些差异性,加深人们对语言认知规律的认识。在语言教学方面,找出韵律特征在解歧展现中的运行机制,并把这些运用到实际教学当中,对于对外汉语的韵律、语法教学及跨文化交流(张妍,2018)[①]也有所帮助。

第2节 研究思路

本书基于"韵律格局"的理论框架,采用语音实验的方法,使用 T 值、起伏度、时长比和音量比的量化指标考察现代汉语普通话单字音、双字组的韵律特征(音高、音长和音强)。将声调的"不变"(宏观调类)与"变"(微观动态特征)放在单字音和双字组中进行考察。对单字音与双字组中的语音韵律特征进行对比,改变基于少量数据的零散研究局面,以较大语音样本数据库为基础,采用统计分析的方法对现代汉语普通话单字音和双字组的语音韵律动态特征进行系统变化规律研究,分析它们的异同。同时,分析声调类型、性别类型、语法结构、位置类型对现代汉语普通话单字音与双字组语音韵律特征的影响,并进行系统化描写,在此基础上总结现代汉语普通话单字音与双字组语音韵律特征。不仅为现代汉语普通话语音合成提供量化依据,也为方言语音数据库的建设及特征信息采集奠定基础。

在总结现代汉语普通话单字音与双字组语音韵律特征的基础上,进一步系统全面地整理句法歧义在语音上的表现,厘清语音特征在不同类型句法歧义中的对应表现和

---

① 张妍.华裔戏剧与中国本土戏剧的跨文化交流评析[J].戏剧文学,2018(11):65-68.

在解歧中的作用。从语音层面找到突破口,解释句法歧义现象,更加系统、深入、科学地认识和把握各类句法歧义现象及它们所代表的同类句法歧义现象。以语音实验数据为支撑,证明结构层次和结构关系能够影响或决定歧义句的理解。

本书所有结论的得出都以歧义句语调韵律特征为基础,用语音实验数据的分析比对来佐证语法问题的讨论。其根据是韵律格局理论两项原理:①语言中一切内容都是通过语音表现并且通过语音来接受和获得理解的;②一个语言成分的充盈度与它所负载意义内容的实在程度和所传递的信息量相互对应(石锋,2019)①。

本书基于不同的考察要点,有针对性地设计基式句和考察句,分析韵律解歧特征在句法结构层次歧义和句法结构关系歧义中的语音实现。以韵律线索的使用为例,学者普遍认为时长线索在感知韵律边界时作用较明显(杨玉芳,1997)②,音高重音是识别语用歧义的关键线索(Birch,Clifton,2002)③。在产出研究中,说话者是否在讲话时自发而稳定地产出韵律解歧线索;音长、音高、音强三个因素之间有什么关系;韵律线索是否可以在口语交际中做到解歧,这些都需要用实验数据来解释。

第3节 内容框架

本书共11个章节。绪论主要介绍研究意义、研究思路、内容框架。第1章主要回顾相关研究并提出研究问题,第2章介绍研究设计,第3章到第10章是文章的主体部分,对结构层次歧义和结构关系歧义进行系统分析,第11章是结语。具体内容如下:

第1章主要对现代汉语单字音和双字组语音韵律特征相关实验研究及现代汉语歧义相关实验研究进行回顾总结,并提出研究问题。

第2章是研究设计,主要对本书的理论基础进行介绍,并详细介绍了研究的实验设备、实验发音人的选择、实验语料的设计、实验参数的数据提取方法和步骤。

第3章是普通话单字音语音特征分析,主要包括三小节。内容分别是:第1节具体分析了普通话四个声调的总体分布特征和分组分布特征,以及元音对单字音声调的影响;第2节具体分析了单字音中四个声调的时长特征,以及男、女不同发音人的时长对比差异;第3节具体分析了单字音中四个声调的幅度积,以及幅度积之间的相对关系。

第4章是普通话双字组语音特征分析,主要包括三小节。内容分别是:第1节具体分析了双字组中声调的整体分布特征、位置类型、性别类型、语法类型对双字组声调音高的影响,以及上声连读变调的音高变化;第2节具体分析了双字组中音节的绝对时长和男、女绝对时长的差异,以及位置类型、性别类型、语法类型对双字组时长比的影响;第3节具体分析了双字组中音节幅度积和男、女幅度积的差异,以及位置类型、性别类型、语法类型对双字组音量比的影响。

---

① 石锋.韵律格局:理念和方法[J].实验语言学,2019(2):1-8.
② 杨玉芳.句法边界的韵律学表现[J].声学学报,1997,22(5):414-421.
③ BIRCH S, CLIFTON C. Effects of varying focus and accenting of adjuncts on the comprehension of utterances [J]. Journal of Memory and Language, 2002, 47 (4): 571-588.

第5章是"得"字句句法解歧韵律分析,主要包括三小节。内容分别是:第1节具体介绍"得"字句实验材料;第2节主要对"得"字实验句中音高、音长和音强的数据进行分析;第3节对"得"字句的语音韵律特征进行讨论分析。

第6章是"也"字句句法解歧韵律分析,主要包括三小节。内容分别是:第1节具体介绍"也"字句实验材料;第2节主要对"也"字实验句中音高、音长和音强的数据进行分析;第3节对"也"字句的语音韵律特征进行讨论分析。

第7章是"的"字句句法解歧韵律分析,主要包括三小节。内容分别是:第1节具体介绍"的"字句实验材料;第2节主要对"的"字实验句中音高、音长和音强的数据进行分析;第3节对"的"字句的语音韵律特征进行讨论分析。

第8章是"和"字句句法解歧韵律分析,主要包括三小节。内容分别是:第1节具体介绍"和"字句实验材料;第2节主要对"和"字实验句中音高、音长和音强的数据进行分析;第3节对"和"字句的语音韵律特征进行讨论分析。

第9章是动宾/偏正句法解歧韵律分析,主要包括三小节。内容分别是:第1节具体介绍动宾/偏正歧义结构实验材料;第2节主要对动宾/偏正歧义结构实验句中音高、音长和音强的数据进行分析;第3节对动宾/偏正歧义结构语音韵律特征进行讨论分析。

第10章是同位/偏正句法解歧韵律分析,主要包括三小节。内容分别是:第1节具体介绍同位/偏正歧义结构实验材料;第2节主要对同位/偏正歧义结构实验句中音高、音长和音强的数据进行分析;第3节对同位/偏正歧义结构语音韵律特征进行讨论分析。

第11章是结语,对各章节进行归纳总结,提出本书研究的不足之处,并对未来的研究工作进行展望。

第1章 文献综述

第1节 现代汉语语音研究综述

现代汉语普通话以北京语音为标准音,早在20世纪初就有学者(赵元任,1922/2002;刘复,1924)[①][②]对北京话单字音的音高进行了测量和计算。此后又有学者对普通话单字音进行了系列实验研究,其中有声学实验,也有听觉实验,有针对孤立音节的研究,也有针对语流中单字音音高、音长变化的研究。

林茂灿(1965)[③]在其普通话声调实验中使用音高显示器对一男一女两位发音人的声调音高表现进行了声学分析。他在实验中将普通话单字音的音高曲线分为"弯头段""调型段"和"降尾段",并认为区分声调的是"调型段",只有"调型段"能够被听者感知,"弯头段"和"降尾段"不会被听者感知到。Howie(1976)[④]也在其实验分析中提出,承载普通话声调的调型段是音节的主要元音和韵尾。因此,本书中对声调调型的研究选取音节元音和韵尾部分。

沈炯(1985)[⑤]对五位北京话发音人各24个句子语音材料的音高进行了分析,并综合讨论了北京话声调和语调的关系。实验结果表明,语调是由一连串声调音域组织起来的音高调节形式,声调是在声调音域中滑动的曲拱。语调对声调音域有调节作用,声调音域的改变表现在声调曲拱发生的量变上。实验还发现,音域的上限和下限所承担的语调作用不同,语调的上限变化往往与句子语义的加强有关,语调下限的变化则常常与节奏完整性有关。

石锋和王萍(2006a,2006b)[⑥][⑦]对52名发音人较大样本语音材料进行了较为全面的实验统计分析。在该研究中首次提出针对大样本的 T 值计算公式,并首次通过实验分析区分了北京话四个声调的动态段和稳态段。实验结论中把数据标准差小于0.5的测量点归为声调的稳态段;而数据离散度大于0.5的测量点归为动态段。动态段包括:阳平的起点、上声的起点和终点、去声的终点。此外,参照社会语言学的方法对发音人数据进一步按照年龄段和性别进行分组统计分析。结果发现,分组之间的差异并不能

---

① 赵元任.中国言语字调底实验研究法[M]//赵元任.赵元任语言学论文集.北京:商务印书馆,2002.
② 刘复.四声实验录[M].上海:上海群益书社,1924.
③ 林茂灿.音高显示器与普通话声调音高特性[J].声学学报,1965(1):8-15.
④ HOWIE J M. Acoustical studies of Mandarin vowels and tones [M]. New York: Cambridge University Press, 1976.
⑤ 沈炯.北京话声调的音域和语调[M]//林焘,王理嘉.北京语音实验录.北京:北京大学出版社,1985.
⑥ 石锋,王萍.北京话单字音声调的分组统计分析[J].当代语言学,2006(4):324-333.
⑦ 石锋,王萍.北京话单字音声调的统计分析[J].中国语文,2006(1):33-40.

反映调位的变化,而只是调位变体。并且,这种调位变体的差异主要体现在声调的动态段上。

梁之安(1963)①对汉语普通话中声调的听觉辨认依据进行了研究。实验采用两种方法去除基频(一种是用耳语的方法,另一种是使用滤波器把正常音节中的基频成分去掉),来检验声调的变化必要因素是否为基频。实验结果表明,当除去基频、第一共振峰、第二共振峰三者中的一个或者二者时,音节的声调特性仍有很大程度的保留。这表明,基频不是辨认声调的唯一依据,但声调与基频密切相关。同时,研究还发现音长和音强对声调的识别作用不是很大。虽然梁之安的研究发现音长和音强对声调的识别作用不大,但它们在语音感知、语音识别和语音合成的研究中占有十分重要的地位。

北京话语音时长的测量分析开始于1934年,白涤洲使用浪纹计首次测量了北京话四个声调的时长,各调平均的时长为:阴平436 ms,阳平455 ms,上声483 ms,去声425 ms(转引自罗常培,王均,2001)②。

冯隆(1985)③考察了北京话连续语句中的声母时长、韵母时长和声调时长。结果表明,各声调时长在句中和句末的表现不同。在句中时阳平最长,其他三个声调基本相同;在句末时则是上声最长,阳平次之,阴平较短,去声最短。该研究中句末音节时长的结果与白涤洲所测孤立单发音节的声调时长虽然在绝对值上有差别,但是各声调之间的相对关系比较接近。该研究结果显示,在连续语句中,各声调时长之间不管是在绝对值上,还是在各声调的相对关系上,差别都比较大。

此外,吴宗济基于对实验语句的分析认为,单字音和二字连读变调的调型可以作为句调的基本单元(吴宗济,2004)④。如果能总结出单字音和二字连读调的基本模式和变化规则,对句调的分析会有很大帮助。

林茂灿、林联合、夏光荣、曹雨生(1980)⑤采用数字处理的方法对普通话二字词共16种声调组合,每组6个词语的变调情况进行了实验研究。实验结果显示:阴平调在双字组前、后位置都读成高平调,只是在后字位置上阴平的音高略低一点。阳平的音高曲线表现为高升和中升,也有高降升和中降升,但是普遍来看降的幅度比较小,折点靠前。阳平的终点音高与阴平的音高几乎持平。上声在前字和后字位置都有表现为低降或低降升的情况。两个上声相连,前一个上声表现为高升或者高降升。去声在二字组中是全降调。当两个去声相连时,前一个去声下降的程度比后字去声程度小。

林茂灿、颜景助、孙国华(1984)⑥对孤立的北京话双字组正常重音的时长分析显示,北京话双字组正常重音的主要声学表现为有较长的长度和较完整的音高模式,而音强几乎不起作用。在北京话双字组中,后字字长大部分大于前字(69%~79%)。同时,双

---

① 梁之安.汉语普通话中声调的听觉辨认依据[J].生理学报,1963(2):85-91.
② 罗常培,王均.普通语音学纲要[M].北京:商务印书馆,2001.
③ 冯隆.北京话语流中声韵母的时长[M]//林焘,王理嘉.北京语音实验录.北京:北京大学出版社,1985.
④ 吴宗济.普通话语音合成中协同发音音段变量的规正处[M]//吴宗济.吴宗济语言学论文集.北京:商务印书馆,2004.
⑤ 林茂灿,林联合,夏光荣,等.普通话二字词变调的实验研究[J].中国语文,1980(1):74-78.
⑥ 林茂灿,颜景助,孙国华.北京话两字组正常重音的初步实验[J].方言,1984(1):57-73.

字组的语法结构——主谓、动宾、补充、偏正和并列并没有对字音长度产生有规律的影响,五种结构的双字组中大部分还是后字长于前字。此外,研究结果发现,正常重音的双字组中多数前字能量强度大于后字。

梁磊和石锋(2010)[1]利用音量比探讨了普通话孤立的双字组轻重问题,其计算方法是音量比=后字幅度积/前字幅度积。实验结果显示,语音的轻重不是由单一因素决定的,它与音高、音长、音强要素都有关系,应该综合考察各个因素,而不能仅考察一两个因素。研究结果发现,双字组后字为非轻声的音量比平均值为1.05,表明其前、后字的幅度积基本相等,后字稍大。

还有一些学者对现代汉语双字组的时长分布进行了研究,但是由于所采用的研究方法不同,研究结果不尽相同。王晶和王理嘉(1993)[2]采用负载句的方式,对双音节词的时长分布模式进行了研究,发现句中双音节词表现出词首音节时长大于词末音节时长的倾向。

冯勇强(2001)[3]基于实际语流的音节时长特征研究指出,词中音节的时长和词尾音节基本一致,词首音节的时长比词中和词尾的长,而单字词则比其他位置的音节都长。

在对影响声调音长因素的分析中,曹剑芬(2010)[4]发现语流中的音节时长要受到位置效应的影响,通常词末音节比相应的词首位置音节时长要长,而处于中间位置的音节比一般的要短。音节的时长要受到语音结构特点的制约,汉语双音节词的时长模式具有相对的稳定性,较大语音单元的时长分布模式常常同双音节词的模式密切相关。冯勇强、初敏、贺琳、吕士楠(2001)[5]指出,在语流中音节的时长会受到音节结构、停顿边界及词中位置的影响。韵律短语边界、语调短语边界的效应最大。各声调的时长表现为,在无停顿前为阳平>上声>阴平>去声,在有停顿前则为阳平>阴平>上声>去声。倪崇嘉、刘文举、徐波(2009)[6]研究认为,韵律短语边界对音节时长有明显的延长作用,不同声调对音节的时长延长作用不同,并且不同的重音级别对音节时长的延长作用也不同。韵律短语边界处中断的时长在较小的韵律边界表现得更为明显。韵律短语的边界处发生了明显的音高重置现象,韵律短语的音高低线总是下降的,而音高高线只是在重音后下降,并且重音处的音域大、音高高线的位置高。王韫佳(2004)[7]认为,语义重音倾向于落在双音节韵律词的前字,而节奏重音倾向于落在双音节韵律词的后字。韵律词的构造对语义重音的分布有显著影响,语义重音不倾向于落在偏正结构中做中心成分的语素上,也不倾向于落在意义虚化或半虚化的语素上,韵律词的词重音模式对节奏

---

[1] 梁磊,石锋.普通话双字组的音量比分析[J].南开语言学刊,2010(2):35-41.
[2] 王晶,王理嘉.普通话多音节词音节时长分布模式[J].中国语文,1993(2):112-116.
[3] 冯勇强,初敏,贺琳,等.汉语话语音节时长统计分析[M]//蔡莲红.新世纪的现代语音学——第五届全国现代语音学学术会议论文集.北京:清华大学出版社,2001.
[4] 曹剑芬.汉语普通话语句时长分布的基本格局[J].中国语言学报,2010(7):180-186.
[5] 冯勇强,初敏,贺琳,等.汉语话语音节时长统计分析[M]//蔡莲红.新世纪的现代语音学——第五届全国现代语音学学术会议论文集.北京:清华大学出版社,2001.
[6] 倪崇嘉,刘文举,徐波.汉语韵律短语的时长与音高研究[J].中文信息学报,2009,23(4):82-87.
[7] 王韫佳,初敏,贺琳.普通话语句重音在双音节韵律词中的分布[J].语言科学,2004(5):38-48.

重音有显著影响,节奏重音不倾向于落在语词层面的轻声或准轻声音节上。叶军(2014)[①]通过对动态(朗读)语料的语音实验分析,提出时长和音高方面的证据,并结合方言研究的证据,得出普通话韵律词的基本韵律格式是前重式,即扬抑格的结论。

对现代汉语普通话单字音音高和时长的研究成果,以及对双字组音高、音长和音强的分析,为本书研究的开展奠定了坚实的基础,提供了方法依据。但已有研究从声调类型、性别类型、语法结构、位置类型角度对现代汉语普通话单字音与双字组语音韵律特征影响进行分析,并进行系统化描写的较少。同时,对现代汉语普通话单字音和双字组声调的音高、音长、音强三方面的语音韵律特征的全面系统研究还有待深入。

第2节 现代汉语歧义研究综述

歧义指句法结构的多义。歧义现象的研究目的在于探讨语言形式和意义之间的关系。国外有关韵律与句法歧义的研究始于20世纪六七十年代的生成音系学及从生成语法发展而来的心理语言学。Lehiste(1973)[②]利用韵律手段,尤其是韵律边界证明解除句法歧义的可行性:韵律边界之前的单词时长延长会影响句法边界的成功感知,但基频曲拱的影响不像时长那么有系统性。此外,该研究还发现如果说话人有解除歧义的意识,韵律线索会更强。也就是,说话人在表达某些句法歧义的不同语义时,通常利用韵律手段。早期有关音高重音与句子理解的实验研究也证明利用音高重音会影响句子焦点与信息结构。例如,Cutler(1976)[③]发现音高重音可以帮助增加焦点短语的注意力;Bock(1983)[④]和Birch、Clifton(2002)[⑤]的研究发现,当句子中非已知信息,也就是在新信息或对比信息上出现音高重音时,理解时间比出现在句子其他地方时要快。研究者普遍认为韵律信息有助于解除口语句子中的句法结构歧义。但韵律的解歧在不同句法结构类型的歧义中效果不同。同时,在韵律线索的使用上,研究者普遍认为时长线索在感知韵律边界时作用较明显,而音高重音是识别语用歧义的关键线索。然而,在产出研究中,研究者对于说话者是否在讲话时自发而稳定地产出韵律解歧线索这个问题,至今还没有一致的结论。

汉语的歧义研究始于《汉语中的歧义现象》(赵元任,2002)[⑥]。文章对歧义的界定、分类、成因、分化、消解和歧义度等重要问题进行了探讨。同时指出"直接成分造成的歧义可以通过使用合适的音渡(juncture)和停顿(pause)来消除。当然,重音和语调总是

---

① 叶军.汉语韵律词语音研究[J].吉林师范大学学报(人文社会科学版),2014,42(2):36-43.
② LEHISTE I. Phonetic disambiguation of syntactic ambiguity[J]. The Journal of the Acoustical Society of America,1973,53(1):380.
③ CUTLER A. Beyond parsing and lexical look-up [M] // WALES R J, WALKER E. New approaches to language mechanisms: a collection of psycholinguistic studies. Amsterdam: North-Holland, 1976.
④ BOCK J K, MAZZELLA J R. Intonational marking of given and new information: some consequences for comprehension [J]. Memory & Cognition, 1983, 11 (1): 64-76.
⑤ BIRCH S, CLIFTON C. Effects of varying focus and accenting of adjuncts on the comprehension of utterances [J]. Journal of Memory and Language, 2002, 47 (4): 571-588.
⑥ 赵元任.汉语中的歧义现象[M] // 赵元任.赵元任语言学论文集.北京:商务印书馆,2002.

重要的"。还提醒到"不要期望韵律特征和结构之间会有一种十分简单的对应关系。事实上,某些用以消除歧义的形式特征和几种意思之间并不是一对一的对应关系,甚至也不是一对多或多对一的关系,而是一种不对当的关系"。也就是韵律特征与歧义结构的关系复杂,但值得探索。此后,朱德熙(1980)①较早运用结构主义语言学理论对歧义现象进行描写,使用直接成分分析法和变换分析法对歧义结构进行分析,并提出歧义指数的概念,为现代汉语歧义研究奠定了基础。虽然汉语歧义的研究成果已经相当丰富,但是有关歧义和韵律的研究并不多见。语言学家主要采用内省的方法,大部分还停留在定性的描写上将韵律作为消歧手段进行简单考察(王希杰,1980;吴新华,1984;殷作炎,1990)②③④,或仅对单个独立的歧义句进行分析(张宝林,1994;杨敬宇,1998)⑤⑥。

当前国内有关现代汉语韵律解歧的研究主要散见于心理学和计算机信息处理研究领域。相关学者在此领域做了大量研究和探索,较为突出的成果如下。

郑波(2001)⑦研究发现,如果提供合适的语境,说话人在发音过程中能够自觉或不自觉地运用语音的特有手段提供解歧信息;而听者在理解话语时必然会使用这一信息,达到对歧义句解歧的目的。郑波、王蓓和杨玉芳(2002)⑧研究了韵律特征对指代歧义的解歧作用及其机制。结果表明,韵律信息对于指代歧义有较好的解歧效果,消解指代歧义的基本手段是在所指名词上设置重音,其主要的声学表现是所指名词时长的延长。李卫君和杨玉芳(2007)⑨综述了近年来韵律句法解歧方面的一些研究,介绍了韵律特征及其作用、句法歧义及其加工模型;然后从讲话者和听话者两个角度分析了讲话者在自然的情境中是否能够自发稳定地生成韵律线索,以及听话者是否能够即时地使用韵律信息引导最初的句法分析两个问题。韩迎春和莫雷(2010)⑩考察由动/名词类歧义词引发的句法歧义的消解机制。阅读材料为含有双字词类歧义词的句子。结果表明,乘法模型和新再分析模型结合在一起比竞争模型和不受限竞赛模型能够更好地预测和解释由汉语动/名词类歧义词引发的句法歧义的消解。在自然语言中,汉语句法歧义现象较为丰富,在解释其他种类的汉语句法歧义的消解机制时,复合模型是否比竞争模型和不受限竞赛模型更为适合还有待进一步深入研究。于秒(2011)⑪以"V + N1 + 的 + N2"歧义词组为研究对象,通过听辨实验和声学实验,发现韵律特征可以起到解歧的作用,前后停顿时长、动词的发音时长、动词的基频均是"V + N1 + 的 + N2"歧义词组解歧的声学

---

① 朱德熙. 现代汉语语法研究[M]. 北京:商务印书馆,1980.
② 王希杰. 节律和歧义[J]. 汉语学习,1980(5):34-37.
③ 吴新华. 汉语是怎样排除结构歧义的[J]. 南京师大学报(社会科学版),1984(4):27-34.
④ 殷作炎. 歧义和话语节律[J]. 语文研究,1990(3):23-29.
⑤ 张宝林."是……的"句的歧义现象分析[J]. 世界汉语教学,1994(1):15-21.
⑥ 杨敬宇."人称代词 + 指人名词"结构的歧义[J]. 汉语学习,1998(3):55-58.
⑦ 郑波. 汉语语句韵律特征与句法、语义关系的实验研究[D]. 北京:中国科学院心理研究所,2001.
⑧ 郑波,王蓓,杨玉芳. 韵律对指代歧义的解歧作用及其机制[J]. 心理学报,2002,34(6):567-572.
⑨ 李卫君,杨玉芳. 从讲话者和听话者两个角度看韵律的句法解歧[J]. 心理科学进展,2007,15(2):282-287.
⑩ 韩迎春,莫雷. 汉语动/名词词类歧义消解初探[J]. 心理科学,2010,33(6):1338-1343
⑪ 于秒."V + N_1 + 的 + N_2"式歧义词组韵律消解作用的实验研究[J]. 南京理工大学学报(社会科学版),2011,24(5):82-87.

参数。其中,前后停顿时长与"V + N1 + 的 + N2"歧义词组的句法关系相对应,不仅能够消解歧义词组的两种意义,还与歧义词组的语义倾向性相对应,是最重要的解歧韵律线索。韵律信息与句法、语义密切相联。此外,还有学者介绍了心理学领域汉语歧义消解认知加工的研究方法主要有非即时加工实验方法与即时加工实验方法两种。非即时加工实验方法主要指行为实验法,采用的范式主要有词汇判断任务、意义适合性判断任务、句子验证任务、跨通道启动任务、移动窗口技术等。即时加工实验方法则主要采用眼动记录技术和事件相关电位脑电记录技术,为汉语歧义消解加工过程提供即时测量(王芳,肖少北,2020)[1]。现代汉语解歧的语言学研究还有待进一步加强。

目前,明确将韵律与句法语义解歧结合起来研究并进行深入探讨的并不多见,采用实验方法进行研究的学者主要从特定歧义词汇、句型或从二语习得角度分析韵律解歧(赵晨,2012;薛莉娅,2015;张妍,2016)[2][3][4]。津熊良正和孟子敏(1997)[5]最先利用实验语音学的方法研究了普通话的语法歧义句。他们采用"我和哥哥的老师去了"和"老王拿了封信出来交给我"两个语法歧义句作为实验句,讨论了消除歧义时所表现出来的韵律特征。结果表明,在汉语中,停顿和音长延伸有助于人们对语法歧义句做出正确理解,其作用大于基频。杨亦鸣(2000)[6]认为,"也"具有任意的类型追加性,并通过语音实验证明:①语调中心各音节的发音速度相对减慢,音时增长,音节间的幅距扩大;②语调中心各音节音强增加,音高加宽。但其内部各成分之间又有重与次重之分,并非等同。在口语交际中,可以通过语调中心来确定话语中心,从而排除歧义。杨晓安(2011)[7]通过对歧义结构"没有 VP 的 NP"进行实验语音分析发现,这种歧义结构的消歧韵律手段为"没有"和 NP 的基频与时长的比例变化。黄彩玉(2013)[8]通过语音实验发现,确定句义下"都"歧义结构中"都"所强调部分的基频、时长和音强三方面要素的变化具有比较一致的倾向性和规律,这些倾向性在有声语言使用的大多数情况下能让信息接收者正确地感知。确定句义下"都"字句中成分在语音上有比较明确的区别特征。"都1"是句子的焦点,从语音上看,"都1"一般要重读,因为这种全量的意义完全由"都1"来承担,而"都2"和"都3"不能成为句子的焦点,是句子中的焦点标记。语音实验证明,"都2"语音形式不是很稳定,各项声学参数大体上比"都1"弱,比"都3"强。

总体来讲,虽然这些学者就歧义与韵律的关系进行了有益的探讨,但是这些文章的特点都是列举常见的歧义句,或者根据语感分析每个歧义句不同语义时的韵律特征。

---

[1] 王芳,肖少北.汉语歧义消解认知加工的研究方法述评[J].海南师范大学学报(自然科学版),2020,33(4):470-474.
[2] 赵晨.中国英语学习者词汇歧义加工中的语境效应[J].外语与外语教学,2012(2):55-59.
[3] 薛莉娅.韵律线索在第二语言口语加工中的使用——以汉语为母语的英语学习者的韵律解歧研究[D].杭州:浙江大学,2015.
[4] 张妍.大学英语语音语调创新教学研究[J].吉林广播电视大学学报,2016(4):122-123.
[5] 津熊良正,孟子敏.汉语语法歧义消除歧现象的韵律特征[M]//赵金铭.语音研究与对外汉语教学.北京:北京语言文化大学出版社,1997.
[6] 杨亦鸣.试论"也"字句的歧义[J].中国语文,2000(2):114-125,189-190.
[7] 杨晓安."没有 VP 的 NP"型结构消歧的韵律手段[J].南开语言学刊,2011(2):14-21,184.
[8] 黄彩玉."都"字歧义结构语音实验角度的再分析[J].语言研究,2013,33(3):52-57.

文中虽然有翔实的歧义句例,但都是分析单个独立的歧义句,缺乏系统性的研究和结论;此外,语言学家根据自己的语感进行的论述也缺乏实验数据的支持。有关汉语韵律解歧的研究还比较零散,缺乏从句法语义的角度进行分类研究。对于歧义结构的分析和争论大多集中在语法、语义和语用角度,从语音角度的分析和描写比较缺乏。较少学者使用实验语音学的方法进行跨学科、多视角的韵律与歧义关系研究。歧义的语音表现为一种共时的韵律模式。韵律三要素包括音高、音长和音强,三者之间相互依存、相互补偿。以往的研究关注音长和音高较多,音强要素的研究较少。本书试图采用语音实验分析,着眼于探究表达不同语义时歧义结构的韵律表现。

国内外学者从不同角度、运用不同方法探讨了具体的歧义问题。那么系统的韵律解歧研究有哪些重要意义?结构层次歧义和结构关系歧义有哪些类化特征?歧义的存在是否有语言其他层面的佐证?目前学界既缺乏对句法歧义范畴整体的系统梳理,也存在较多韵律解歧具体问题的争议。研究者普遍认为语言中一切内容都是通过语音表现的,并且通过语音来接受和获得理解。韵律信息有助于听者解除口语句子中的句法结构歧义,但对不同句法结构类型的歧义,韵律的解歧效果不尽相同。在韵律线索的使用上,研究者普遍认为时长线索在感知韵律边界时作用较明显,而音高重音是识别语用歧义的关键线索。然而,在产出研究中,研究者对于说话者是否在讲话时自发而稳定地产出韵律解歧线索,至今还没有一致的结论。

本书拟解决以下问题:

(1)歧义结构的不同含义如何通过韵律三要素——音高、音长、音强体现?

(2)在表达不同语义的歧义结构中,韵律三要素之间的关系是怎样的?

(3)结构层次歧义和结构关系歧义的韵律三要素表现有何不同?

因此,本书希望利用语音和句法的关系,运用实验研究范式研究歧义的语音实现,佐证基本结论,解释歧义争议问题,系统梳理汉语韵律解歧问题,探究语音、语义和语法之间的关系。

第 2 章 研究设计

第 1 节 理论基础

"'言出于我口,入于尔耳'。尽管言者所说的每个音节和声调并不那么'到位'或规范,但由于人的听觉系统可以对听到的语音进行加工处理,通过大脑的分析、记忆、比较等功能的综合处理,只要听来的语音'框架'不差,语境相近,就能被理解。这个'框架'就称为'格局'"(吴宗济,2008)①。语音格局实际上是语音学和音系学的交汇点,是语音系统性的表现。它既是客观物质的实际表现形式,又是人们的一种研究思路和探究方法。语音格局就是采用实验的方法,对语言中的语音进行细致的、量化的考察。

在语言研究上,相对的数值比绝对的数值更为重要、更有意义。因此,语音参数应该把相对的数值和绝对的数值结合起来,通过量化分析的全过程:归一化、相对化、范畴化、层级化、系统化,用语音实验的方法把系统中的各种对应一致的关系进行量化析取,把实验数据进行统计图示,就成为更为直观的语音格局(石锋,2008)②。

具体来讲,人们对于同样的语音采用的发音方式是相同的,然而由于生理条件的差异,每个人在音高、音强、音质等维度上的分布范围各不相同。归一化就是把每个人在相同维度上的不同的分布做一个单位 1,其最大值为 100%,最小值为 0%。例如,假设发音人甲的音高范围是 350 赫兹到 50 赫兹,那么对于发音人甲来说 350 赫兹就是 100%,50 赫兹就是 0%;假设发音人乙的音高范围是 500 赫兹到 80 赫兹,那么对于发音人乙来说 500 赫兹就是 100%,80 赫兹就是 0%。归一化使不同的说话人及不同的语言之间具有可比性,为相对化打下基础。相对化的数值比绝对化的数值在语言研究上更有意义。实际上在数据整体归一化的同时,各部分就按比例相对化。如上例中,发音人甲、乙都发一个 80 赫兹的声音,在甲的音高范围就是 10%,位于音高范围的下部;在乙的音高范围则是 0%,处在最低限度。相对化的过程实际上就是去掉数据的具体单位,使其成为无量纲的百分比值,便于统计处理。归一化和相对化的最终目标是系统化,即量化的系统。这种系统可以呈现图示。这个系统化的过程就是格局化的过程。也就是说,通过语音实验把语音内部各成分之间的相互关系呈现为各种数据图表,找到语音系统性的规律。通过这个过程,使语音研究的结果可验证、可比较,发现语音的规律和规则,认识语言的类型和共性(石锋,2012)③。

---

① 吴宗济.语音格局——语音学与音系学的交汇点序[M]//石锋.语音格局——语音学与音系学的交汇点.北京:商务印书馆,2008.
② 石锋.语音格局——语音学与音系学的交汇点[M].北京:商务印书馆,2008.
③ 石锋.语音平面实验录[M].北京:北京语言大学出版社,2012.

语音格局是语音学和音系学的结合点。语音格局就是语言系统的表现。语音分析不能离开语音系统。每一个语音都在系统中表现出自己的个性。语音格局的分析不仅在语言学理论上有积极意义，而且在语言教学方面也有促进作用，可以提高语音教学的科学性、客观性。各种语言和方言的语音格局对于我们认识不同语言中所表现的语音共性规律及它们各自的个性特征都有意义。比较不同语言和方言的语音格局，还具有语言类型学的意义。

语音格局是将语音学分析与音系学相结合的理论。通过对语音实验数据进行归一化、相对化和系统化的过程，实现语言分析的图示化，便于不同发音人、不同语言之间的对比。语调格局就是语句的音高、音长、音强的交互作用的表现模式，即语句中各词和短语的调域宽窄(词调域、句调域、短语调域)及相对时长和相对音强的动态变化与相互影响。语调格局着重分析不同类型语句的韵律差别。例如，不同语句类型陈述句、祈使句等在韵律表现上有何不同。

韵律格局是对语调格局的拓展，主要分析语句中不同类型焦点表现的韵律分布模式。韵律格局更关注韵律三要素——音高、音长和音强在表达信息时的共同作用，并将语音与语义、语法、语用结合起来。也就是从语句的韵律模式看焦点类型，从焦点类型反推信息结构(石锋，2019)[①]。正如沈家煊(2017)[②]所言，"韵律手段本身就是汉语语法的一种形态手段……韵律和节奏本身就是汉语语法的一部分"。通过韵律格局，可以将韵律三要素所表达的语音信息与语法信息相结合，更好地解释汉语句法的很多问题。

本书以最新的韵律格局为理论基础，分别利用 T 值公式、起伏度公式、时长比公式(过去叫停延率公式)、音量比公式对汉语普通话单字音、双字组，以及不同类型现代汉语歧义结构的韵律特征进行归一化和相对化的处理，以便于比较和分析。

第2节 实 验 设 计

2.2.1 实验设备

本书研究所需要的设备包括录音设备、语音和统计分析软件。录音设备包括：笔记本电脑、话筒。录音软件为 Praat。本书使用 Praat 语音分析软件提取基频、时长和幅度积等数据；采用 Excel 软件制作各种数据图表。

2.2.2 发音人

本书的发音人共两类。为了分析汉语单字组和双字组声调的韵律特征，以及保证语音语料的内部一致性，选取共 50 名发音人(男、女各 25 人)，平均年龄为 20.9 岁($SD = 2.38$)。这 50 名发音人均为北京高校学生，从小生活在北京四城八区，无长时间外地生活经历，视觉或矫正视力正常，无听觉障碍，无语言发音障碍，均为右利手。发音

[①] 石锋. 韵律格局：理念和方法[J]. 实验语言学，2019(2)：1-8.
[②] 沈家煊. 汉语"大语法"包含韵律[J]. 世界汉语教学，2017，31(1)：3-19.

人均自愿参加本次实验,无现金报酬。

为了考察现代汉语歧义句的韵律特征,保证语音语料的内部一致性,本书选取发音人共8名(男、女各4人),平均年龄为21.5岁(SD=1.88)。发音合作人均以北方方言为母语,普通话二级甲等。视觉或矫正视力正常,无听觉障碍,无语言发音障碍,均为右利手。发音人均自愿参加本次实验,无现金报酬。

2.2.3 实验语料设计

为了探究普通话单字音、双字组的韵律特征,该部分的实验语料均来自"语音标准声学和感知参数数据库",并根据具体实验目的进行选择,在书中相关章节有具体目录和材料选择设计说明。

为了探究现代汉语歧义结构的不同语义如何通过韵律三要素表现,本书设计了不同情境下的汉语结构层次歧义句("得"字句、"的"字句、"和"字句、"也"字句)和结构关系歧义句(同位/偏正结构歧义句、动宾/偏正结构歧义句),在书中相关章节有具体目录和材料选择设计说明。

第3节 实验方法

2.3.1 实验语料录制

录音在安静的教室或语音实验室中进行,周围没有固定噪声源。首先,在录音开始之前,实验操作员会与发音人进行简短交流,请发音人熟悉实验材料。然后,请发音人在自然状态、以平稳语速朗读实验材料。每个句子读3遍,句与句之间间隔3~5 s。使用Praat软件进行录音,采样频率22 050赫兹,16位,单声道。将发音人所发的实验材料通过得胜(TAKSTAR)PCM-5520专业电容麦克风直接录入电脑,保存为.wav格式的声音文件。在朗读过程中,如果出现非语言因素的干扰(如咳嗽等)或发音人出现明显错误,实验操作员会在发音人朗读完所有实验材料之后,请发音人补录一遍出现问题的句子,但不指出错误,选取最稳定的一遍作为语音样本进行分析。

2.3.2 声学参数提取

下面分别具体介绍本书中使用的语音韵律特征中涉及的T值、起伏度、时长比、音量比数据的提取方法。

把声调的音高数据和通常使用的五度值之间的对应关系采用如下的T值公式来计算(石锋,1986)[1]。

$$T = [(\lg x - \lg b)/(\lg a - \lg b)] \times 5$$

式中　　a——调域上限频率;

b——调域下限频率;

---

[1] 石锋. 天津方言双字组声调分析[J]. 语言研究,1986(1):77-90.

x——测量点频率。

所得到的 T 值就是 x 点的五度值参考标度。也可以写成下面的形式,即
$$T = [(\lg x - \lg \min)/(\lg \max - \lg \min)] \times 5$$

根据公式计算的 T 值取值范围只能为 $0 \sim 5$,T 值与五度值之间的对应关系为:$0 \sim 1$ 之间的大体可以看作五度值的 1 度,$1 \sim 2$ 之间的可以看作 2 度,$2 \sim 3$ 之间的可以看作 3 度,$3 \sim 4$ 之间的可以看作 4 度,$4 \sim 5$ 之间的可以看作 5 度。

对大样本声调实验数据进行统计分析时,需要在原有 T 值公式的基础上做适当调整,形成新的 T 值公式(石锋,王萍,2006)[①],即
$$T = \{[\lg x - \lg(\min - SD_{\min})]/[\lg(\max + SD_{\max}) - \lg(\min - SD_{\min})]\} \times 5$$

与原有的 T 值公式相比,新的 T 值公式把最小值 $\min$ 改为 $(\min - SD_{\min})$,即各测量点平均值中的最小值减去该点全部数据的标准差(标准差是指根据一组数据中每个值与平均值的差异量得出这组数据分布的离散程度,是数据统计特性的重要表现之一);最大值($\max$)改为 $(\max + SD_{\max})$,即各测量点平均值中的最大值加上该点全部数据的标准差。经过调整的 T 值公式消除了大样本统计分析中最大值($\max$)和最小值($\min$)受到的抑制作用。

语调音高的量化指标是起伏度。起伏度测量以字音为基础,依据语句中各字/词调域上限中的最大值为 100%,下限中的最小值为 0%,进行归一化计算,得出各字/词调域的上限和下限的百分比。

$$\text{起伏度 } Q_x = (K_x - K_{\min})/(K_{\max} - K_{\min})$$

式中　$K_{\max}$——句中各字/词调域上限的最大值;

$K_{\min}$——句中各字/词调域下限的最小值;

K_x——最大值和最小值之间的各个字音的上限和下限的测算值(石锋,2019)[②]。

起伏度测量具体操作步骤如下:

打开音频文件,先做预处理。把发音过程中出现的吞咽口水、咳嗽的声音去除。然后利用 Praat 语音分析软件进行基频的提取。

弯头和降尾是声调发音过程中声带自然调节的表现。弯头和降尾的程度大小因发音人的生理机制和发音习惯具有个体差异。不同的调层特征会决定调头和调尾的表现。如:高调会有上升的调头,下降的调尾;低调会有下降的调尾,上升的调头。音节中的声韵结构对弯头的出现与否影响较大。如:零声母和浊音声母字音 100% 带有弯头,清声母字音只有 40% 带有弯头。声调实际上主要是在韵母上负载。实验表明,连续发音时,浊音声母因为声带振动一直持续,音节之间的声调曲线并不中断。清音声母因为声带不振动,声调曲线就断开了。因此,我们参考韵母的时长来判定调头和调尾的取舍。在音高提取过程中,我们采用去掉"弯头降尾"的方法。

实验利用 Praat 语音分析软件,打开每一个发音人的语音文件,对语音样本的音高进行测量,如图 2-1 所示。

[①] 石锋,王萍.北京话单字音声调的统计分析[J].中国语文,2006(1):33-40.
[②] 石锋.韵律格局:理念和方法[J].实验语言学,2019(2):1-8.

■ 现代汉语句法歧义的韵律解歧实验研究

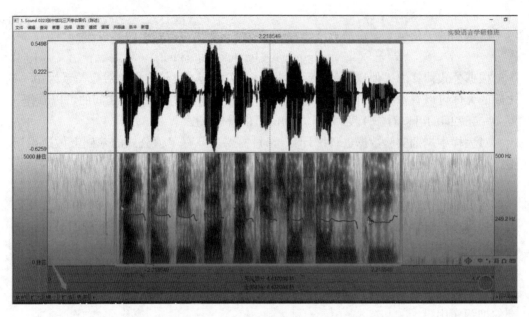

图 2-1 用 Praat 语音分析软件打开语音文件示意图

然后,根据去掉弯头和降尾选取基频曲线,如图 2-2 所示。

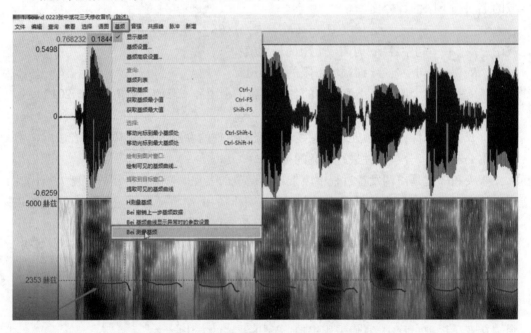

图 2-2 用 Praat 语音分析软件选取基频曲线示意图

选取基频曲线之后,Praat 语音分析软件会自动在每个音节韵母的基频曲线上取 9 点基频值,来代表音高的起伏变化。这 9 点基频值的取值方法是:首先取起点、终点及中点的基频值,共得到 3 个点的基频值;然后在起点与中点之间及中点与终点之间分别

· 16 ·

各取一个中点,一共得到 5 点基频值;最后,在相邻的两点之间再分别取一个中点,得到 9 个点的基频值。

全部句子的基频数值统计结束之后,点击"Praat"—"语调"—"Bei 起伏度统计与画图"(贝先明,向柠,2016)①,得到全部句子基频最大值和最小值,以及每个基频取值点的起伏度值(表 2-1)。

表 2-1 用 Praat 语音分析软件获取每个字基频取值点的起伏度值("这孩子追得我很疲惫")

音节编号	字	点1	点2	点3	点4	点5	点6	点7	点8	点9	时长/s
1	这	66	62	59	54	51	47	41	38	37	0.036
2	孩	18	20	21	21	24	27	32	34	34	0.127
3	子	46	47	48	47	44	42	40	38	40	0.081
4	追	55	53	53	53	54	55	56	55	49	0.103
5	得	50	46	41	33	25	21	15	11	11	0.101
6	我	18	15	20	18	20	20	21	24	24	0.093
7	很	56	33	20	20	2	8	9	12	15	0.058
8	疲	31	18	15	18	21	0	12	29	31	0.042
9	惫	62	61	61	59	56	51	48	38	27	0.068

时长比的计算采用石锋(2019)②提出的时长比的概念。公式为

$$D_x = S_x / S_{mean}$$

式中 D_x——某单字的音长比;

S_x——某单字音节时长;

S_{mean}——全句音节平均时长。

如果时长比 D_x 大于 1,则被认为发生了音段延长。如果时长比 D_x 小于 1,则说明该音段没有发生延长。

音节起点和终点位置的确定要结合波形图和宽带语图确定。统一的标准如下。

(1)起点位置:波形图中开始有波形起伏的地方(塞音除外);宽带图中开始有擦音乱纹、浊音横杠等(不同语音不同表现)。

(2)终点位置:波形图中振幅显著下降,趋近一条直线;宽带图中竖条(表示喉门脉冲)间距不规则,共振峰结构不清晰。

(3)波形图和宽带语图不完全符合时,以波形图为准。

实验步骤如下。

第一步,使用 Praat 语音分析软件,点击"语图"—"Bei 测量幅度积",同步提取时长

---

① 贝先明,向柠. 实验语音学的基本原理与 Praat 软件操作[M].长沙:湖南师范大学出版社,2016.
② 石锋. 韵律格局:理念和方法[J].实验语言学,2019(2):1-8.

和幅度积数据,如图 2-3 所示。

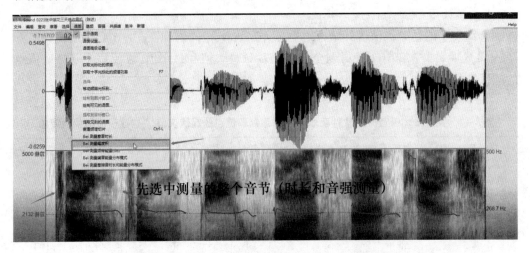

图 2-3　用 Praat 语音分析软件提取时长数据示意图

第二步,"Praat"—"数值计算"—"Bei 按首列排序统计指定列数据"。时长比计算选择第 3 列,如图 2-4 所示。

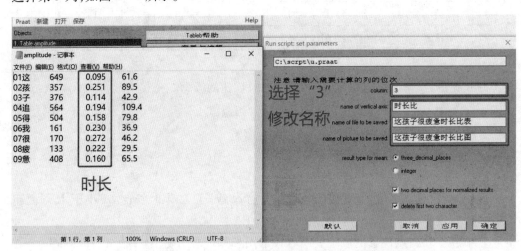

图 2-4　用 Praat 语音分析软件计算时长比值操作示意图

第三步,保存计算的平均值和最大图表值,以及每个字的时长比值(表 2-2)。

表 2-2　用 Praat 语音分析软件获取每个字时长比值("这孩子追得我很疲惫")

字	平均时长/s	时长比(单字时长/全句平均时长)
这	0.095	0.50
孩	0.251	1.33
子	0.114	0.60

续表 2-2

字	平均时长/s	时长比(单字时长/全句平均时长)
追	0.194	1.03
得	0.158	0.84
我	0.230	1.22
很	0.272	1.44
疲	0.222	1.18
惫	0.160	0.85

语音的能量是跟音强相对应的。语音软件中显示的波形图是由各个采样点测出的振幅值相连得到的。因此,可以计算一段时间内语音的总能量,即所选音段内随时间而变的各采样点幅度的总和,称之为幅度积,单位为毫秒分贝(md)。幅度积综合考虑了幅度和音长两个语音参数。

表示语音能量的幅度积计算公式为

$$某段语音的幅度积\ G_x = A_x \times S_x$$

式中　A_x——某段语音的平均振幅;

　　　S_x——某段语音的时长。

音量比测算词语中每个音节的相对音强,可以考察在语音对应关系中的相对凸显性,是研究语音问题的有效参数(石锋,2019)[①]。语句中,幅度积转换为归一化的音量比,测算原理和步骤如下。

第一步,分别测量每个音节的幅度积。

第二步,把全部音节幅度积相加得到整体幅度积,继而计算出音节的平均幅度积。

第三步,用每个音节的幅度积除以全句音节平均幅度积。如果比值大于1,我们可以认为它在时长与音强维度出现了相对增幅。

计算公式为

$$某字音量比\ E_x = G_x / G_{mean}$$

式中　G_x——某字幅度积;

　　　G_{mean}——全句单字平均幅度积。

因此,音量比是每个字音能量的百分比。音量比使音强具有可比性(石锋,2019)[②]。

具体实验步骤如下。

第一步,使用 Praat 语音分析软件,点击打开上一步测量时长比时同步提取的幅度积数据("语图"—"Bei 测量幅度积"),如图 2-5 所示。

[①] 石锋. 韵律格局:理念和方法[J]. 实验语言学,2019(2):1-8.
[②] 同上.

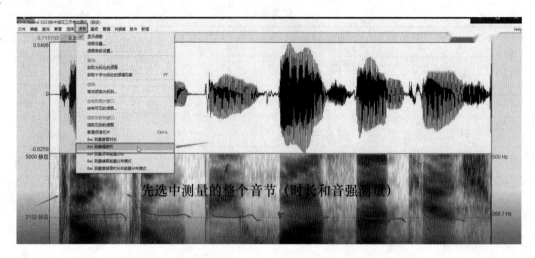

图2-5 用Praat语音分析软件提取幅度积数据示意图

第二步,"Praat"—"数值计算"—"Bei 按首列排序统计指定列数据"。音量比计算选择第4列,如图2-6所示。

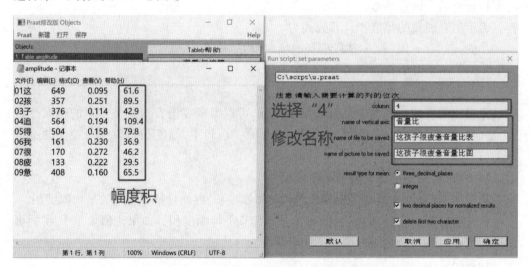

图2-6 用Praat语音分析软件计算音量比值操作示意图

第三步,保存计算的平均值和最大值,以及每个字的音量比值(表2-3)。

表2-3 用Praat语音分析软件获取每个字音量比值("这孩子追得我很疲惫")

字	平均幅度积	音量比(单字幅度积/全句平均幅度积)
这	61.6	0.99
孩	89.5	1.44
子	42.9	0.69

续表 2-3

字	平均幅度积	音量比(单字幅度积/全句平均幅度积)
追	109.4	1.75
得	79.8	1.28
我	36.9	0.59
很	46.2	0.74
疲	29.5	0.47
惫	65.5	1.05

2.3.3 实验数据处理

音高方面,使用 Praat 语音分析软件对语音样本进行声学实验,提取基频数据(赫兹值),计算 T 值和起伏度值,然后将提取到的数据分类汇总,用 Excel 进行统计计算和作图。

音长方面,使用 Praat 语音分析软件测量语句内各个音节的时长,根据时长比的计算公式,求出每个音节的时长比。最后将得到的时长比数据用 Excel 进行统计计算和作图。

音强方面,使用 Praat 语音分析软件测量语句内各个音节的幅度积,根据音量比的计算公式,求出每个音节的音量比。最后将得到的音量比数据用 Excel 进行统计计算和作图。

本章主要对研究的理论基础"韵律格局"和实验具体步骤及操作方法进行详细介绍说明。基于韵律格局的基本思想,本书将采用语音实验的方法对普通话单字音和双字组语音韵律特征及现代汉语句法歧义句中的韵律三要素——音高、音长和音强所对应的起伏度、时长比和音量比数据进行相对化和系统化的对比分析。

第3章 普通话单字音语音特征分析

现代汉语"普通话的句调由单字调、二字调(包括轻声)作为它的'建筑材料',亦称基本单元"(吴宗济,2004)①。因此,本章从普通话单字音语音韵律特征开始分析,主要包括三小节。内容分别是:第1节具体分析普通话四个声调的总体分布特征和分组分布特征,以及元音对单字音声调的影响;第2节具体分析单字音中四个声调的时长特征,以及男、女不同发音人的时长对比差异;第3节具体分析单字音中四个声调的幅度积,以及四个声调幅度积之间的相对关系。

第1节 普通话单字音音高分析

本节主要对普通话单字音进行总体统计分析、分组统计分析,并进一步细致分析元音对普通话声调的影响。

3.1.1 主体分布统计分析

本实验共选取40个单字音的语音样本作为分析对象。普通话单字音音高分析实验字表见表3-1。

表3-1 普通话单字音音高分析实验字表

声调	单字音									
阴平	巴	逼	扑	多	低	搭	督	居	锅	歌
阳平	拔	鼻	葡	夺	迪	达	读	局	国	革
上声	把	比	普	躲	底	打	赌	举	果	葛
去声	爸	闭	瀑	舵	地	大	杜	句	过	个

实验共得到50个发音人,4个声调,每个声调10个单字音,每个字9个测量点的 $50 \times 4 \times 10 \times 9 = 18\,000$ 个 T 值数据,统计分析就是针对这18 000个数据分别计算极大值、极小值、均值、标准差,再利用软件作图呈现结果。

石锋和廖荣蓉(1994)②认为,在声调格局中,每一声调所占据的不是一条线,而是一

---

① 吴宗济.普通话语句中的声调变化[M]//吴宗济.吴宗济语言学论文集.北京:商务印书馆,2004.
② 石锋,廖荣蓉.北京话的声调格局[M]//石锋,廖荣蓉.语音丛稿.北京:北京语言学院出版社,1994.

条带状的声学空间。因此,我们在对语音样本进行总体统计分析时,利用标准差表示一组数据的离散程度的特征,采用平均值加减标准差的方法得到每个声调的声学空间,如图 3-1 所示。

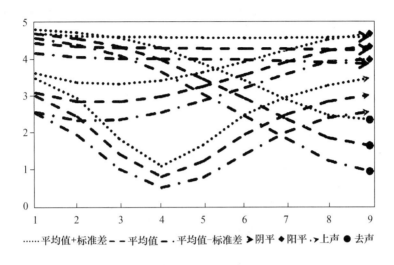

图 3-1 普通话四个声调总体分布图

图 3-2 是石锋和王萍(2006)[①]绘制的 52 个北京人的北京话四个声调总体分布图。

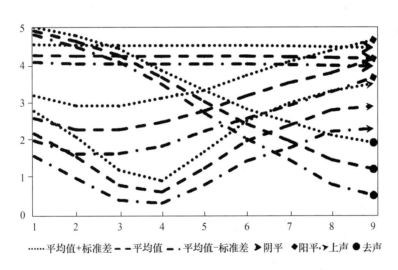

图 3-2 52 个北京人的北京话四个声调总体分布图

由图 3-1 和图 3-2 对比可知,普通话和北京话四个声调的总体分布大体一致。由于本实验中采用的适合大样本的 T 值公式,消除了对声调的最高点(去声起点)和最低点(上声折点)的抑制作用,使其特征得到更加清晰的体现。

---

① 石锋,王萍.北京话单字音声调的统计分析[J].中国语文,2006(1):33-40.

阴平调完全处于调域的上部，它的特征可以用"平"来概括。但实际上它并不是一个绝对的平调，而是呈现一个从左向右略有下降的调形。起点的平均 T 值最高，为 4.41，终点的平均 T 值最小，为 4.22，二者相差 0.19。阴平调声学空间的动态范围：起点的标准差是 0.27，中点的标准差是 0.29，终点的标准差是 0.36。终点的标准差略高于起点。整个声调的音高范围基本在 5 度中，并且起伏不超过半度。因此，阴平的调值可以记为 55。

阳平调是从调域中部到调域上部的升调，开始处有一个小的"凹"形。起点处平均 T 值是 3.08，音高最低的点是第三个点，T 值为 2.83，终点的 T 值最高，为 4.32。阳平调的动态范围是：起点的标准差最大，为 0.57。后面各点的标准差逐渐减小，第三点为 0.49。第八点的标准差最小，为 0.30。终点的标准差为 0.35，比起点小 0.22。对应的五度值为：上限 445，中线 335（因起点的 T 值为 3.08，比 3 度略高，可忽略），下限 334。因此，其调值可记为 335 或者 35。阳平调的调域变动范围在 2 度之内。

上声调是主要位于调域下半部分的曲折调。它的特点可以用"低"和"凹"来概括。从起点开始下降，到将近中点的时候达到调域的最低点，末尾上升到上声调的最高值。起点的平均 T 值为 2.99，第四点最低，为折点，T 值为 0.81，终点 T 值为 3.01。上声调的动态范围是：起点标准差为 0.47，折点标准差最小，为 0.29，终点标准差为 0.46。对应的五度值为：上限 424，中线 313（终点的 T 值为 3.01，比 3 度略高，可以忽略），下限 313。由此，调值可记为 313。阳平和上声都有"凹"的特征，但是表现并不相同。首先，阳平第三点标准差较大，而上声折点的标准差较小。其次，阳平的折点接近起点，在第二点和第三点之间；上声的折点接近中点，在第四点上。也就是说阳平和上声的区别主要在起点之后的部分，尤其是折点的位置，上声以折点的"低"作为主要的区别特征。

去声调从调域顶部到调域底部，是典型的降调。它的特点可以用"降"来概括。起始处下降比较平缓，然后急速下降至最低点。起点最高，T 值均值为 4.67，终点最低，T 值均值为 1.64。去声调的动态范围是：起点的标准差最小，为 0.12，以后各点逐渐增高，到终点的标准差最大，为 0.70。对应的五度值为：上限 53，中线 52，下限 51，调值可记为 52。

从四个声调的各个测量点的数据离散程度来看，本书支持把标准差的值作为声调稳定段的指标（石锋，王萍，2006）①。以 0.5 为界限，把标准差小于 0.5 的认为是较稳定的分布，把标准差大于 0.5 的认为是不稳定的分布。按照此标准，本书实验结果中阴平较稳定各测量点标准差均小于 0.5，其次是阳平的终点、上声的折点、去声的起点。不稳定的分布是阳平的起点、去声的终点。上声的起点和终点标准差分别是 0.47 和 0.46，均近似为 0.5，所以上声的起点和终点也是不稳定的。

本书在所有的统计数据中选择每个声调中每个测量点的极值：最大值和最小值，做出普通话四个声调极限分布图，如图 3-3 所示。

---

① 石锋，王萍.北京话单字音声调的统计分析[J].中国语文，2006(1)：33-40.

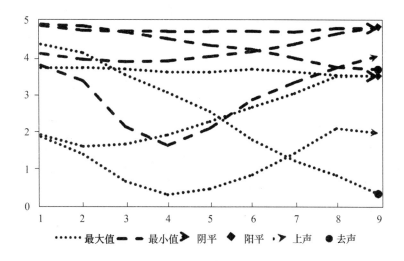

图3-3 普通话四个声调极限分布图

由图3-3可以发现,普通话单字音每个声调的极值分布空间明显比图3-1中普通话单音字总体分布空间更大,但基本的调形特征及相对的位置关系仍然保持不变。值得注意的是,阳平调和上声调的极值分布范围有相当部分的叠合。

为检验阳平和上声的差异度,我们对阳平和上声9个点的 T 值均值分别进行独立样本 T 检验,结果显示,9个取值点中,只有第一个点的差异不显著($t=0.869, df=94, p>0.05$),其余各点差异均显著,$p<0.05$。这一结果表明,阳平和上声起始部分有重合,容易发生混淆;但是在声调的中后段,阳平和上声的各取值点差异均显著,阳平和上声仍然是两个可以区分的独立调位。

为了进一步比较极值和均值的距离大小,且看得更清楚,本书将不同调类极限分布图与统计分布图进行叠加。普通话阴平调极限和统计分布叠加图如图3-4所示。

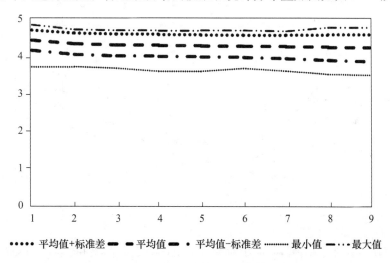

图3-4 普通话阴平调极限和统计分布叠加图

阴平调分布在调域上部仍为高平调。起点的最大值为4.83,最小值为3.70。终点的最大值为4.76,最小值为3.49。阴平调声学空间的范围在4度和5度之间。最大值的调值可记为55,最小值的调值可记为44。

普通话阳平调极限和统计分布叠加图如图3-5所示。

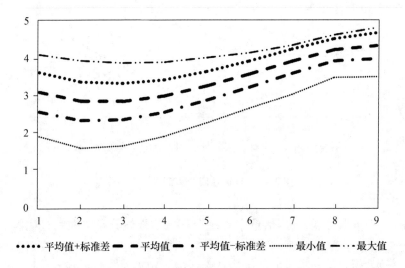

图3-5 普通话阳平调极限和统计分布叠加图

阳平调保持调形的"凹""升"特征。起点的最大值为4.08,最小值为1.90。折点的最大值为3.88,折点的最小值为1.90。终点的最大值为4.80,最小值为3.49。按最大值为高升调,按最小值则为低升调。阳平调的声学空间范围是:起点和折点的跨度在2度以上,但是终点的跨度较小,说明集中趋势明显。最大值的调值可记为445,最小值的调值可记为224。

普通话上声调极限和统计分布叠加图如图3-6所示。

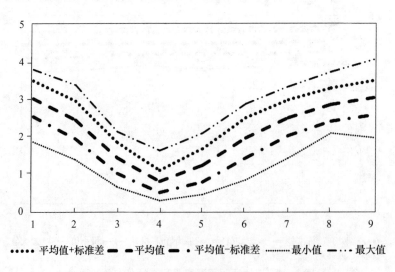

图3-6 普通话上声调极限和统计分布叠加图

上声调调形呈现"低""凹"的曲折调特征不变。起点的最大值为 3.76,最小值为 1.85。折点的最大值为 1.62,最小值为 0.3。终点的最大值为 4.02,最小值为 1.96。上声调的声学空间范围是:起点跨度较大,折点跨度稍小,终点跨度最大,达到 3 度。最大值的调值可记为 425,最小值的调值可记为 212。从图 3-6 可以看到,折点处最大值跟均值的距离很大,最小值则跟均值很接近,说明折点处的数据分布向下集中,多在调域底部。这表明"低"是上声最重要的特征。终点的大跨度分布则表明终点的高低对于声调的区分作用不大。

普通话去声调极限和统计分布叠加图如图 3-7 所示。

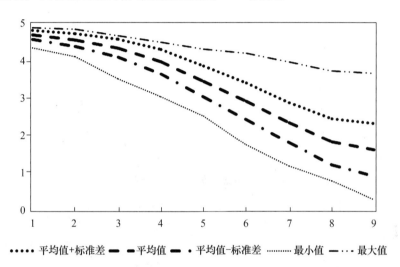

图 3-7 普通话去声调极限和统计分布叠加图

去声调保持"高降"调形。起点的最大值为 4.86,最小值为 4.33。终点的最大值为 3.66,最小值为 0.33。去声的声学空间范围是:起点跨度很小,只有 0.53 度,终点跨度较大,为 3.33 度。

通过主体分布分析、极限分布分析及对比分析,可以得到每一个声调调位内部声调变体的分布趋势,从而区分出每个声调调位的稳态段和不稳定段。稳态段就是特征段,不稳定段就是动态段(石锋,王萍,2006)[1]。本书的研究结果支持这一观点。普通话四个声调中由特征点构成的稳态段,更多地承载着声调的调位信息,与其他调位相区分时发挥主要作用,因而它的稳定程度高,变化的可能性小;由离散度较大的测量点构成的声调动态段,承载的调位信息少,与其他调位相区分时发挥相对次要作用,所以它的稳定程度低,变化的可能性大。

在对普通话四个声调总体统计分析的基础上,本书又进一步根据不同的分类标准对普通话单字音声调音高表现进行分组统计分析,主要包括:①不同性别的分组统计;②不同家庭语言环境(新、老北京人)的分组统计。

---

[1] 石锋,王萍.北京话单字音声调的统计分析[J].中国语文,2006(1):33-40.

3.1.2 性别类型分组统计分析

由图 3-8 至图 3-11 可知,女性和男性的声调曲线整体走势相近,且呈现规律性分布,即女性的声调曲线基本都位于男性的上方。

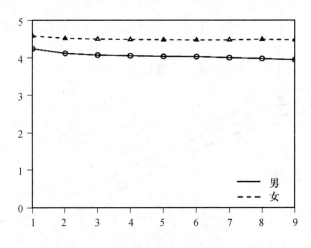

图 3-8 普通话阴平调性别差异比较

在阴平调方面,男性和女性发音人的阴平调都是高平调。男性的起点值为 4.23,终点值为 3.94;女性的起点值为 4.58,终点值为 4.47。女性的整个声调曲线都在男性的上方,T 值相差约 0.4。

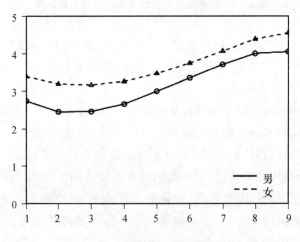

图 3-9 普通话阳平调性别差异比较

在阳平调方面,男性和女性的阳平调都是位于整个调域上半部的升调,都有一个起始部分的"凹"形。男性的起点值为 2.74,折点值为 2.46,终点值为 4.06。女性的起点值为 3.39,折点值为 3.17,终点值为 4.55。女性的声调曲线都在男性的上方,起点 T 值相差 0.65,折点 T 值相差 0.71,终点 T 值相差 0.49。男、女不同性别发音人在阳平终点的音高差值最小。

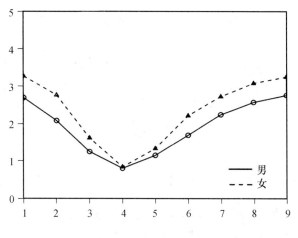

图3-10 普通话上声调性别差异比较

在上声调方面,男性和女性发音人的上声调都是"低凹"的曲折调。男性的起点值为2.69,折点值为0.79,终点值为2.75。女性的起点值为3.27,折点值为0.82,终点值为3.25。前半段和后半段都是女性在男性的上方,起点相差0.58,终点相差0.50。折点处也是女性在上方,T值相差0.03。男、女不同性别发音人在上声折点处的音高相差最小。

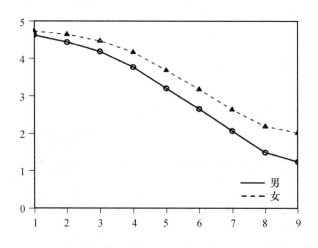

图3-11 普通话去声调性别差异比较

在去声调方面,男性和女性发音人的去声调都是纵跨整个调域的高降调。男性的起点值为4.62,终点值为1.24。女性的起点值为4.72,终点值为2.01。在整个去声调音高曲线上,女性都在男性的上方,起点T值相差0.10,终点T值相差0.77。起点相差跨度小,趋近去声调末尾时相差跨度增大。

为了考察性别差异对声调音高的影响,本书对各声调曲线上9个点的数据都做了独立样本T检验。结果表明,除上声的折点差异不显著之外($t = -0.437$, df $= 46$, $p > 0.05$),其他各声调取值点T值差异均显著($p < 0.05$)。也就是说,男、女不同性别发音人所产生的普通话四个声调都是在上声折点处最低,体现出一致性。但在四个声调其他取值点上有较大差异。

从上面的分析中可以看到,性别差异对声调有系统性的影响,女性的声调音高整体高于男性。男、女不同性别发音人声调音高差异小的地方都是声调的稳态段,差异大的都是声调的动态段,如阳平的起点、上声的起点或终点、去声的终点。其中,上声折点处男、女声调音高差异最小,这也体现了上声"低"的特征在不同性别中具有一致性。上声的稳态段是折点段。

3.1.3 家庭语言环境分组统计分析

胡明扬(2011)[①]根据家庭语言背景的不同将北京人分为新北京人和老北京人。新北京人指的是父母双方或一方不是北京人,但本人在北京出生和长大的人。老北京人指的是父母双方都是北京人,本人在北京出生和长大的人。本书据此对新、老北京人的声调进行分布统计分析,结果发现,老北京人的声调音高大部分位于新北京人的上方,分布规律。但是这种差异是非常细微的,每个声调的9个取值点的音高T值非常接近,具体如图3-12至图3-15所示。

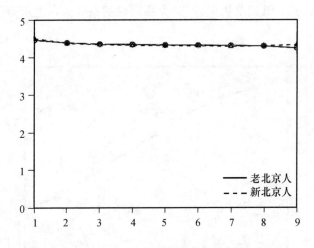

图3-12 新、老北京人普通话阴平调比较

在阴平调中,新、老北京人的音高曲线都是位于调域顶部的高平调。老北京人的声调曲线位于新北京人的上方。老北京人的起点值为4.40,终点值为4.19;新北京人的起点值为4.44,终点值为4.27。起点相差0.04,终点相差0.08。

---

① 胡明扬.北京话社会调查(1981)[M]//胡明扬.胡明扬语言学论文集.北京:商务印书馆,2011.

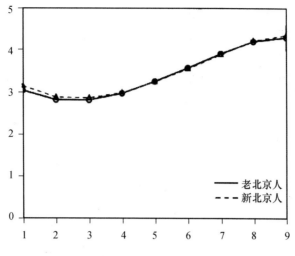

图 3-13　新、老北京人普通话阳平调比较

在阳平调中，新、老北京人的音高曲线都是位于调域中上部的升调，且起始处有凹形。老北京人起点值为3.04，折点值为2.81，终点值为4.30；新北京人起点值为3.15，折点值为2.86，终点值为4.35。起点相差约0.11，折点相差约0.05，终点相差0.05。老北京人在起点位置略低于新北京人，但是折点和终点位置相差仅为0.05，几乎是重合的。

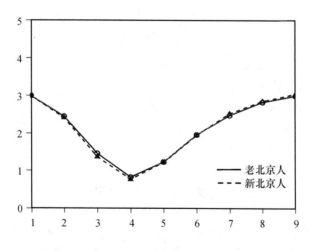

图 3-14　新、老北京人普通话上声调比较

在上声调中，新、老北京人的音高曲线同是表现为"低凹"的特点。老北京人的声调曲线位于新北京人的上方。老北京人的起点为2.99，折点为0.83，终点为2.99；新北京人的起点为2.99，折点为0.77，终点为3.04。起点音高值是一样的，折点相差0.06，终点相差0.05。

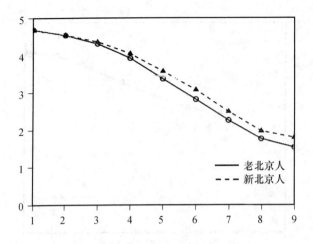

图3-15 新、老北京人普通话去声调比较

在去声调中,新、老北京人的音高曲线都为高降调。老北京人的起点为4.68,终点为1.55;新北京人的起点为4.66,终点为1.81。起点处老北京人的音高 T 值仅仅高出新北京人0.02,音高曲线基本上是重合的。终点处新北京人的音高 T 值高于老北京人,相差0.26。

为考察家庭语言背景对声调音高的影响,本书对各声调曲线上9个点的数据都做了独立样本T检验。结果显示,四个声调中36个点差异均不显著,$p>0.05$。也就是说,虽然老北京人的阴平、阳平和上声中音高曲线基本在新北京人的上方,但这种差异较细微,不显著。这一结果说明家庭语言背景对年轻一代新、老北京人的影响已经退化。老北京人与新北京人从声调音高走势上看,差异不明显。

但是,本书进一步就新、老北京人在声调各取值点上的离散程度(标准差数据)进行分析发现,新北京人的普通话各声调取值点上的标准差普遍小于老北京人,具体如图3-16至图3-19所示。

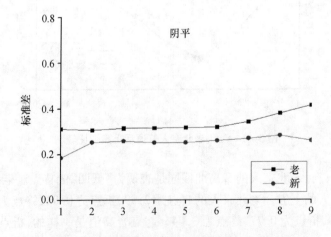

图3-16 新、老北京人普通话阴平调标准差比较

第3章 普通话单字音语音特征分析

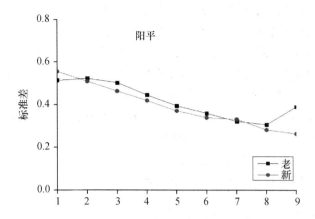

图3-17 新、老北京人普通话阳平调标准差比较

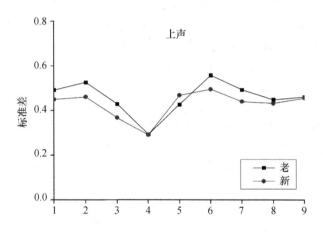

图3-18 新、老北京人普通话上声调标准差比较

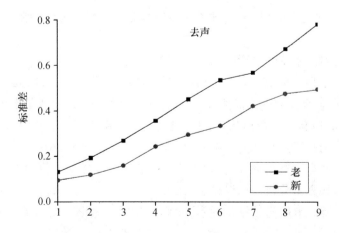

图3-19 新、老北京人普通话去声调标准差比较

老北京人把北京话作为母语学习,他们在上学之前更多接触的是父母讲的北京话,上学之后接触更多的是普通话。新北京人的家长为了让孩子得到更好的教育,在家庭中普遍讲普通话。因此,新北京人把普通话作为母语学习。本书的实验统计分析表明,新、老北京人的普通话四个声调音高 T 值没有显著性差异,但是在内部一致性方面表现不同:老北京人讲普通话的内部差异大于新北京人。这说明,新北京人讲普通话的内部一致性更强,彼此之间的差异较小,而老北京人讲普通话的内部一致性较差。胡明扬(2011)[①]在 1981 年对北京话进行调查的结果显示,家庭语言环境是一个重要因素,本书研究的结果进一步支持这一观点。家庭语言环境对语言习得具有重要影响,其细微差异虽未达到统计显著性,但是还是能够区分开的。

3.1.4 元音类型对声调影响分析

本实验的语音样本均来自"普通话标准声学参数语音数据库"。由于元音前面的浊辅音和半元音会引起声调曲线开始部分的弯头,而弯头并不是真正的声调,因此本实验所选单字均为塞音开头,以排除辅音的干扰。汉语普通话中元音 /a/、/i/、/u/ 分别位于元音格局中的中间最低、前高、后高位置且相对稳定,本实验主要考察这三个顶点元音对声调的影响。元音对声调影响实验字表见表 3-2。

表 3-2 元音对声调影响实验字表

声调	/a/	/i/	/u/
阴平	巴	逼	扑
阳平	拔	鼻	葡
上声	把	比	普
去声	爸	闭	瀑

实验共得到 3(元音类型)×3(遍数)×4(声调数)×50(发音人数)=1 800 个语音样本。

普通话元音对阴平调音高影响如图 3-20 所示。

阴平调中三个顶点元音 /a/、/i/、/u/ 的阴平曲线都是位于上部,元音 /a/ 的阴平音高曲线要低于元音 /i/、/u/ 的音高曲线。元音 /i/、/u/ 阴平音高曲线基本重叠的一起,起点和终点都是 /u/ 略高。元音 /a/ 的阴平起点音高值为 4.22,元音 /i/ 为 4.49,元音 /u/ 为 4.50;元音 /a/ 的阴平终点音高值为 4.17,元音 /i/ 为 4.32,元音 /u/ 为 4.41。

为了检验元音类型对阴平音高的影响,以阴平 9 个点音高 T 值为因变量、元音类型为自变量做单因素方差分析。结果显示,元音 /a/、/i/、/u/ 的音高在阴平中 9 个点差异性都显著,$p<0.05$。事后比较结果显示,元音 /a/ 组和 /i/ 组之间、元音 /a/ 组和 /u/ 组之

[①] 胡明扬.北京话社会调查(1981)[M]//胡明扬.胡明扬语言学论文集.北京:商务印书馆,2011.

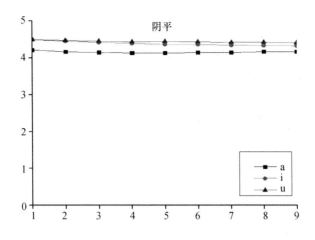

图 3-20 普通话元音对阴平调音高影响

间差异均显著,$p<0.05$,而 /i/ 组与 /u/ 组之间的差异不显著,$p>0.05$。也就是说,/i/ 组和 /u/ 组作为高元音组与低元音 /a/ 组之间 9 点 T 值差异是显著的,高元音的 T 值更高,低元音的 T 值要低于高元音。

普通话元音对阳平调音高影响如图 3-21 所示。

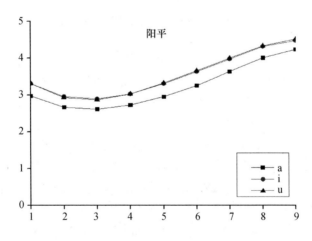

图 3-21 普通话元音对阳平调音高影响

阳平调中元音 /a/、/i/、/u/ 的阳平音高曲线位于中上部,整个阳平的音高曲线第一点和第二点音高下降,到第三点开始上升。元音 /i/、/u/ 的阳平音高曲线整体基本重合。阳平起点音高元音 /a/ 组 T 值为 2.97,元音 /i/ 组 T 值为 3.3,元音 /u/ 组 T 值为 3.3;阳平第三点音高元音 /a/ 组 T 值为 2.61,元音 /i/ 组 T 值为 2.90,元音 /u/ 组 T 值为 2.87,阳平第三点音高最高的元音 /i/ 组的音高值与最低的元音 /a/ 组 T 值相差 0.29;阳平终点音高元音 /a/ 组 T 值为 4.24,元音 /i/ 组 T 值为 4.47,元音 /u/ 组 T 值为 4.52,阳平终点最高的元音 /u/ 组 T 值与最低的元音 /a/ 组 T 值相差 0.28。

为了检验元音类型对阳平音高的影响,我们以阳平音高 T 值为因变量,元音类型为自变量做单因素方差分析。结果显示,元音/a/、/i/、/u/的阳平音高曲线中除第三点(df=2,F=3.00,p>0.05)之外,其余各点的差异均显著(p<0.05)。事后比较结果显示,元音/a/组和/i/组之间、元音/i/组和/u/组之间差异均显著,p<0.05,而/i/组与/u/组之间的差异不显著,p>0.05。也就是说,/i/组和/u/组作为高元音组与低元音/a/组之间阳平调T值之间差异显著,高元音的T值比低元音的T值高。

普通话元音对上声调音高影响如图3-22所示。

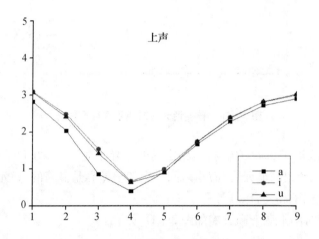

图3-22 普通话元音对上声调音高影响

上声调中元音/a/、/i/、/u/的上声音高曲线位于中下部,折点在第四点。上声起点位置,元音/a/的音高为2.82,元音/i/为3.09,元音/u/为3.07,音高最高的元音/i/的音高值与最低的元音/a/的音高值相差0.27。折点(第四点)元音/a/的音高为0.40,元音/i/为0.67,元音/u/为0.64,音高最高的元音/i/的音高值与最低的元音/a/的音高值相差0.27。终点位置,元音/a/的音高为2.89,元音/i/为2.99,元音/u/为3.01,音高最高的元音/u/的音高值与最低的元音/a/的音高值相差0.12。

也就是说,在上声调中,元音/a/、/i/、/u/的音高曲线之间的关系在上声折点前、后表现不同。在折点之前,元音/a/的音高曲线要显著低于元音/i/、/u/的音高曲线。而在折点后,元音/a/的音高曲线与元音/i/、/u/的音高曲线之间相距非常接近,并没有完全分开。

为了检验元音类型对上声音高的影响,以上声音高T值为因变量、元音类型为自变量做单因素方差分析。结果显示,元音/a/、/i/、/u/的T值音高在上声前4个点上差异显著,p<0.05。事后比较结果显示,元音/a/组和/i/组之间、元音/a/组和/u/组之间差异均显著,p<0.05,而/i/组与/u/组之间的差异不显著,p>0.05。元音类型对上声第五点到第九点影响不显著,p>0.05。也就是说,/i/组和/u/组作为高元音组与低元音/a/组之间的前4个点T值差异显著,高元音的T值比低元音的T值高。然而,后5个点T值差异是不显著的,高元音组与低元音组并没有差别。

这也在一定程度上说明,上声的主要特征为"低",上声折点之后的"升"并不是上声的主要特征。"降"作为由自然状态到"低"的自然过渡。从/a/、/i/、/u/三个元音的音高曲线之间的关系来看,在上声的折点之前,规律性很强,元音/a/的音高曲线比元音/i/、/u/的音高曲线低,并且明显分为两组:元音/a/的音高曲线在下,元音/i/、/u/的音高曲线在上,且非常接近。但是,这三个顶点元音/a/、/i/、/u/的音高曲线在上声的折点之后表现与折点之前不同。在上声的折点之后,虽然元音/a/的音高曲线还是比元音/i/、/u/的音高曲线低,但是它们之间的差异不显著,也就不具有很强的规律性。已有研究提出上声的稳定段在折点(石锋,王萍,2006)[1],也就是"低"的特征是上声的主要音高特征。本实验显示,声调的稳态段规律性更强,是声调的特征段。

普通话元音对去声调音高影响如图3-23所示。

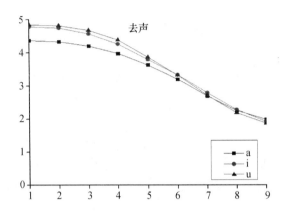

图3-23 普通话元音对去声调音高影响

去声调中元音/a/、/i/、/u/的去声音高曲线整体都是呈现高降的趋势。元音/i/、/u/的去声音高曲线比元音/a/的音高曲线高一些。元音/i/、/u/的去声音高曲线基本重叠的一起。元音/a/的去声起点音高值为4.37,元音/i/的去声起点音高值为4.78,元音/u/的去声起点音高值为4.84;元音/a/的去声终点音高值为1.99,元音/i/的去声终点音高值为1.92,元音/u/的去声终点音高值为1.87。也就是说,元音/a/的音高曲线在去声起点低于元音/i/、/u/的音高曲线,但是在终点处,三个元音的音高曲线没有呈现出明显的差别,并且元音/a/的音高曲线在去声终点略高于元音/i/、/u/的音高曲线。

为了检验元音类型对去声音高的影响,以去声音高 T 值为因变量、元音类型为自变量做单因素方差分析。结果显示,元音/a/、/i/、/u/的音高在去声前4个点上差异显著, $p<0.05$。事后比较结果显示,元音/a/组和/i/组之间、元音/a/组和/u/组之间差异均显著, $p<0.05$,而/i/组与/u/组之间的差异不显著, $p>0.05$。但是,对去声第五点到第九点的单因素方差分析结果显示,这5个点的差异均不显著, $p>0.05$。并且,事后比较结果也显示,/a/、/i/、/u/三个组之间的结果差异不显著。也就是说,/i/组和/u/组作为高元音组与低元音/a/组之间在去声前4个点上 T 值差异显著,高元音的 T 值更高,低元音的 T 值更低。然而,去声后5个点 T 值差异不显著,高元音组与低元音组并没有

---

[1] 石锋,王萍.北京话单字音声调的分组统计分析[J].当代语言学,2006(4):324-333.

差别。

上述分析有两个主要发现。第一个发现是关于上声折点前后的元音/a/、/i/、/u/的音高曲线之间的关系变化。在折点之前,元音/a/的音高曲线要显著低于元音/i/、/u/的音高曲线。而在折点后,元音/a/的音高曲线与元音/i/、/u/的音高曲线非常接近,并没有完全分开。另一个发现是,去声结尾处元音/a/、/i/、/u/的音高曲线相混,没有明显分开。这说明,在上声声调曲线的后半段"上升"部分和去声"下降"到终点位置的结尾处,元音/a/、/i/、/u/的音高曲线规律性不强。这也从另一个方面说明上声的上升段和去声的末尾部分是上声和去声声调的动态段(石锋,王萍,2006)[①]。

综上所述,本书研究结果支持"元音音色影响声调"的假设(王力,1935)[②]。高元音/i/和/u/的音高在普通话四个声调稳态段要显著高于低元音/a/,分成差异鲜明的两组。这说明元音本身的音色对声调有系统性的影响。高元音的声调音高一般要比低元音的音高低。这种影响主要体现在声调的稳态段,在声调的动态段规律性不强。

3.1.5 小结

本节对普通话单字音音高进行了主体统计分析和分组统计分析。普通话单字音主体统计分析结果显示,普通话单字音阴平是一个高平调,其特征点为起点和终点;阳平为中升调,其特征点为终点;上声为曲折调,其特征点为折点;去声为高降调,其特征点为起点。

对普通话单字音分组统计分析发现,性别对声调有系统性的影响,女性的音高要整体高于男性。男、女性别声调音高差异小的地方都是声调的稳态段,差异大的都是声调的动态段。此外,新、老北京人普通话四个声调音高 T 值之间没有显著性差异,但是在内部一致性方面表现是不同的:老北京人讲普通话的内部差异大于新北京人。这也在一定程度上体现了家庭语言背景对语言习得有显著影响。

普通话元音类型对声调影响的分析结果发现,元音类型对阴平、阳平、上声和去声四个声调音高都有影响。在阴平调和阳平调中,声调整体调形差异均显著。这说明,含有三个元音/a/、/i/、/u/的阴平和阳平调形各取值点之间有较明显的差异,高元音/i/、/u/的声调音高比低元音/a/的声调音高更高。在上声和去声中,元音类型对声调音高的影响主要体现在声调的稳态段,在其他位置差异不显著。也就是说,元音类型对声调音高的影响主要体现在声调的稳态段,在声调的动态段规律性不强。

综上所述,本书研究结果支持普通话单字音稳态段就是特征段、不稳定段就是动态段的观点(石锋,王萍,2006)[③]。由特征点构成的声调稳态段不容易发生变化,稳定性高,在普通话四个声调的调位区分中发挥主要作用;相反,由非特征点构成的动态段,离散度较大,稳定程度相对较低,变化的可能性大。这一结果与北京话声调的特征研究结果基本一致。这表明普通话与北京话声调音高有相似的表现。

---

① 石锋,王萍.北京话单字音声调的分组统计分析[J].当代语言学,2006(4):324-333.
② 王力.从元音的性质说到中国语的声调[J].清华大学学报(自然科学版),1935(1):157-183.
③ 石锋,王萍.北京话单字音声调的分组统计分析[J].当代语言学,2006(4):324-333.

第2节　普通话单字音音长分析

在普通话中,音的长短并不具有区分语义的作用,不构成音位的对立。但是,音长在语音感知、语音识别和语音合成的研究中占有十分重要的地位。例如,赵元任先生(1979)在《汉语口语语法》中说"汉语重音首先是扩大音域和持续时间,其次才是增加强度"[①]。因此,单字音的时长测量具有实际应用的意义。

3.2.1　绝对时长分析

本书的语音样本均选自"普通话标准声学参数语音数据库",单字音绝对时长分析实验字表见表3-3。

表3-3　单字音绝对时长分析实验字表

声调	/a/	/i/	/u/
阴平	搭	低	督
阳平	达	迪	读
上声	打	底	赌
去声	大	地	杜

表3-3中共有十二个单字音。这十二个单字音包含位于元音格局图中顶点位置的三个元音"/a/、/i/、/u/",并且声母相同,都是塞音/d/。此外,每个音节都包括阴平、阳平、上声和去声四个声调类。本书时长测量参考冯隆(1985)[②]研究中的方法,既测量整个音节的时长,又分别测量声母和韵母的时长。因为塞音前都有一段闭塞段,在本实验孤立音节中塞音声母/d/的测量时,我们采用在冲直条前统一加50 ms的方法。本书共得到时长数据50(发音人)×12(单音字)×3种数据类型(音节时长、声母时长、韵母时长)=1 800个时长数据。

研究结果显示,四个声调音节时长绝对值分别为:阴平423 ms,阳平454 ms,上声504 ms,去声359 ms,四个声调的整体平均时长为435 ms。单字音整体音节时长绝对值对比图如图3-24所示。

白涤洲在1934年使用浪纹计首次测量了北京话四个声调的时长,这是对北京话时长测量的最早实验记录。在该实验中,各调平均的时长为:阴平436 ms,阳平455 ms,上声483 ms,去声425 ms,四个声调的平均时长约为450 ms(罗常培,王均,2001)[③]。从图3-24中可以看出,本书研究结果与白涤洲对北京话四个声调时长的研究记录相差不

[①] 赵元任.汉语口语语法[M].北京:商务印书馆,1979.
[②] 冯隆.北京话语流中声韵调的时长[M]//林焘,王理嘉.北京语音实验录.北京:北京大学出版社,1985.
[③] 罗常培,王均.普通语音学纲要[M].北京:商务印书馆,2001.

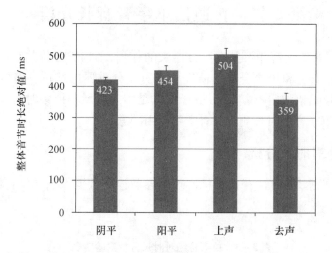

图3-24 单字音整体音节时长绝对值对比图

多。在本书中,上声的时长最长,为504 ms,去声的时长最短,为359 ms。四个声调整体音节的时长绝对值中只有去声低于400 ms,上声超过500 ms。单字音音节时长绝对值的排列为:上声>阳平>阴平>去声。

因为声调主要由音节中的元音承载,在汉语中就是韵母承载,所以本书测量了音节中单元音韵母的时长。单字音中元音绝对时长见表3-4。

表3-4 单字音中元音绝对时长

元音	平均值/ms	标准差
/a/	356	91.52
/i/	365	85.16
/u/	382	92.72

从表3-4中可以发现,元音/u/的时长最长,为382 ms,元音/a/的时长最短,为356 ms,相差26 ms。元音/i/的时长居中,比元音/a/的时长多出9 ms,比元音/u/的时长短17 ms。也就是说,在普通话单字音中,元音的时长绝对值排序为:/u/>/i/>/a/。

为了进一步检验元音类型对元音时长的影响,本书以/a/、/i/、/u/的绝对时长做因变量,以元音类型为自变量,做单因素方差统计分析。结果显示,元音类型对元音绝对时长的影响显著,$df = 2$,$F = 4.401$,$p < 0.05$。经过Tamhane事后检验显示,元音/a/的绝对时长与元音/u/的绝对时长之间差异显著,$p < 0.05$。元音/a/的绝对时长与元音/i/的绝对时长差异不显著,$p > 0.05$。元音/u/的绝对时长与元音/i/的绝对时长差异不显著,$p > 0.05$。

第3章 普通话单字音语音特征分析

表3-5 本书实验结果与冯隆(1985)研究的比较

元音	冯隆(连续语流)/ms	本书(孤立音节)/ms
/a/	129	356
/i/	112	365
/u/	109	382

由表3-5可知,本实验中的元音时长要明显比连续语流中的元音时长更长。本实验中前高元音/i/要比连续语流中的时长长253 ms,约为连续语流中时长的2.26倍;本实验中央低元音/a/要比连续语流中的时长长227 ms,约为连续语流中时长的1.76倍;本实验中后高元音/u/要比连续语流中的时长长273 ms,约为连续语流中时长的2.5倍。

冯隆(1985)[①]的实验结果发现,舌位的高低对元音时长有影响,低元音的时长最长,高元音的时长较短。本书的研究结果显示,央低元音/a/的时长最短,后高元音/u/的时长最长。因此,本书研究结果与其结果相似,又有所不同。这可能与实验语料的来源有关。冯隆的研究是在连续语流中测量元音韵母的时长,元音时长容易受到前后音段及句子重音的影响。本书的语料来自孤立的单字音,所以不受前后音段和句子重音的影响。在连续语流中,受到音段协同发音及语调的影响,元音的音色没有孤立单音节中的饱满,时长也比孤立单音节中短。在孤立的单音节中,央低元音/a/本身的音色较容易辨别,发音器官较放松,所以时长较短。但是,高元音/i/和/u/发音时,发音器官需要由自然放松状态启动到紧张状态,需要的时间更长。

本书又进一步探讨了性别类型对单字音时长的影响,对不同性别发音人普通话单字音各声调绝对时长进行统计,具体数据见表3-6。

表3-6 不同性别发音人普通话单字音各声调绝对时长

声调	男		女	
	平均值/ms	标准差	平均值/ms	标准差
阴平	391	58.66	455	67.82
阳平	419	59.56	505	63.37
上声	465	64.23	560	90.84
去声	328	52.90	406	74.70
平均值	400.75	58.84	481.50	74.18

从表3-6中可以发现,在阴平、阳平、上声和去声四个声调的绝对时长方面,女性发音人的声调时长要比男性发音人的时长更长。女性发音人四个声调的平均时长为

---

① 冯隆.北京话语流中声韵调的时长[M]//林焘,王理嘉.北京语音实验录.北京:北京大学出版社,1985.

481.5 ms,男性发音人四个声调的平均时长为 400.75 ms,女性比男性长 80.75 ms。其中,女性发音人的阴平调平均时长要比男性发音人长 64 ms,占男性阴平调平均时长的 16.37%;女性发音人的阳平调平均时长要比男性发音人长 86 ms,占男性阳平调平均时长的 20.53%;女性发音人的上声调平均时长要比男性发音人长 95 ms,占男性上声调平均时长的 20.43%;女性发音人的去声调平均时长要比男性发音人长 78 ms,占男性去声调平均时长的 23.78%。

为了进一步检验性别类型对普通话单字音声调时长的影响,以普通话单字音各声调的音节时长为因变量、性别类型为自变量进行独立样本 T 检验。结果显示,在阴平、阳平、上声、去声四个声调音节整体时长中,男、女不同性别发音人的普通话单字音音节整体绝对时长之间差异显著,$p<0.05$。这一结果表明,性别类型对普通话单字音声调时长确实有影响,男性发音人普通话单字音四个声调整体音节时长小于女性发音人。

3.2.2 相对时长比分析

由于普通话单字音绝对时长容易受到发音人自身的发音习惯、发音风格等因素影响,因此本书又计算了普通话单字音的相对时长比值。普通话单字音相对时长比等于含有同一元音的单字音时长除以包含相同元音的四个单字音时长的平均值。例如,"搭"相对时长 = "搭"的时长/"搭""达""打""大"四个单字音的平均时长。普通话单字音区分声调类型相对时长比和绝对时长对比表见表 3-7。

表 3-7 普通话单字音区分声调类型相对时长比和绝对时长对比表

	阴平	阳平	上声	去声
绝对时长/ms	423	454	504	435
相对时长比	0.97	1.04	1.16	0.99

整体来看,单字音四个声调的相对时长比中,上声音节时长最长,相对时长比值为 1.16;其次是阳平,相对时长比值为 1.04;第三是阴平,相对时长比值为 0.97;最短的是去声,相对时长比值为 0.99。阳平和上声的音节整体相对时长比值超过平均值,阴平和去声音节相对时长比值低于平均值。也就是说,在普通话单字音中上声最长,其次是阳平,去声最短。这一结果与白涤洲测量北京话的声调时长结果是一致的。在孤立的单字音中,上声的时长最长,其次是阳平(罗常培,王均,2001)[1]。这两个声调在调形上都有一定的"凹"的特征,声调先放松,后由于上升而"收紧"。上声在孤立的单音节中"凹"的低点要低于阳平,上升时所需要的时间更长一些,因此上声的时长比阳平更长一些。阴平是高平调,声带需要保持较长时间的"紧张"状态,需要的时间也要比去声长。去声是高降调,声调由紧张到放松,到自然状态需要的时间最短。

---

[1] 罗常培,王均.普通语音学纲要[M].北京:商务印书馆,2001.

3.2.3 小结

无论是单字音整体音节绝对时长比较,还是相对时长值比较,普通话单字音声调音长排序均为:上声>阳平>阴平>去声。也就是说,在孤立音节(单独朗读)中,上声的音节整体时长最长,去声的音节整体时长最短。阳平和上声的相对时长比值超过平均值,阴平和去声音节相对时长比值低于平均值。此外,就性别因素来看,女性发音人的声调时长要比男性发音人的时长更长。从韵母时长分析结果来看,由于低元音/a/音色较容易辨别,发音器官较放松,所以时长较短,但是,高元音/i/和/u/发音时,发音器官需要由自然放松状态启动到紧张状态,需要的时间更长。

第3节 普通话单字音音强分析

本节主要对普通话单字音的音强进行统计分析,主要包括绝对幅度积分析和相对幅度积分析。

3.3.1 绝对幅度积分析

本书从"普通话标准声学参数语音数据库"中选取语音样本,共有十二个单字音。这十二个单字音包含位于元音格局图中顶点位置的三个元音/a/、/i/、/u/,并且声母相同,都是塞音/d/。此外,每个音节都包括阴平、阳平、上声和去声四个声调类。普通话单字音音强分析实验字表见表3-8。

表3-8 普通话单字音音强分析实验字表

声调	/a/	/i/	/u/
阴平	搭	低	督
阳平	达	迪	读
上声	打	底	赌
去声	大	地	杜

本书对十二个单字音分别提取幅度积,按照声调类型进行分别统计。普通话单字音四个声调幅度积平均值见表3-9。

表3-9 普通话单字音四个声调幅度积平均值

声调	平均值/md	标准差
阴平	419	231
阳平	384	195
上声	323	176
去声	324	177

由表 3-9 可以看出,阴平的幅度积超过 400,在四个声调中幅度积最大,为 419;其余三个声调的幅度积都小于 400。阳平的幅度积为 384,在四个声调中排第二;上声和去声的幅度积均小于 350,其中,上声的幅度积最小,为 323,去声的幅度积比上声略大,为 324。上声和去声的幅度积相差不大。普通话单字音四个声调幅度积平均值对比图如图 3-25 所示。

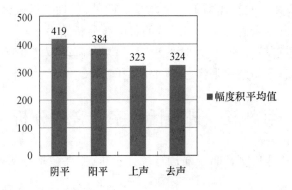

图 3-25　普通话单字音四个声调幅度积平均值对比图

为了进一步检验声调类别对普通话单字音幅度积的影响,以单字音幅度积为因变量,以声调类别为自变量,进行了单因素方差统计分析。结果显示,普通话单字音幅度积差异显著,$df=3$,$F=3.802$,$p<0.05$。经过事后比较显示,阴平和阳平之间及上声和去声之间差异不显著,$p>0.05$,其他声调之间的差异均显著,$p<0.05$。

这一统计结果说明,阴平和阳平调单字音幅度积较高,属于一组。因为阴平调要保持高平的特征,需要更多能量;同时,要实现上升的阳平调,也需要较多能量。上声和去声调单字音幅度积较低,属于一组。上声音高下降到最低点,声带放松,因此幅度积较小;去声是高降调,音高下降,幅度积较小。

本书对十二个单字音分别提取幅度积,按照元音类型进行分别统计。普通话单字音三个元音幅度积平均值见表 3-10。

表 3-10　普通话单字音三个元音幅度积平均值

元音	平均值/md	标准差
/a/	394	211
/i/	325	188
/u/	363	186

由表 3-10 可知,包含元音/a/的单字音幅度积最大,包含元音/i/的单字音幅度积最小,包含元音/u/的单字音幅度积居中。为了进一步检验元音类型对单字音幅度积的影响,以包含元音/a/、/i/、/u/的单字音幅度积做因变量,以元音类型做自变量,进行了单因素方差统计分析。结果显示,包含元音/a/、/i/、/u/的单字音幅度积差异显著,

$df=2, F=5.900, p<0.05$。经过事后比较结果,包含元音/a/的单字音幅度积与包含元音/i/的单字音幅度积之间差异显著,$p<0.05$;包含元音/a/、/u/的单字音幅度积之间及包含元音/i/与/u/的单字音幅度积之间差异不显著,$p>0.05$。

为了进一步考察不同元音在四个声调中的幅度积,本书按照阴平、阳平、上声和去声四个声调对含有元音/a/、/i/、/u/的单字音幅度积做分类统计。包含不同元音的四个声调普通话单字音幅度积见表3-11。

表3-11 包含不同元音的四个声调普通话单字音幅度积

元音	阴平		阳平		上声		去声	
	平均值/md	标准差	平均值/md	标准差	平均值/md	标准差	平均值/md	标准差
/a/	459	199	407	203	311	163	368	204
/i/	389	252	366	200	302	182	276	156
/u/	387	201	379	185	357	190	319	154

由表3-11可知,不同元音的四个声调幅度积存在程度不等的差异,下面我们就不同元音在四个声调中的幅度积数据进行详细分析。在阴平调中,包含元音/a/的单字音幅度积最大,为459,包含元音/i/和/u/的单字音幅度积分别为389和387,相差不大;在阳平调中,包含元音/a/的单字音幅度积最大,为407,其次为包含元音/u/的单字音幅度积,为379,包含元音/i/的单字音幅度积最小,为366;在上声调中,包含元音/u/的单字音幅度积最大,为357,其次是包含元音/a/的单字音幅度积,为311,最小的是包含元音/i/的单字音幅度积,为302;在去声调中,包含元音/a/的单字音幅度积最大,为368,其次为包含元音/u/的单字音幅度积,为319,最小的是包含元音/i/的单字音幅度积,为276。

前文分析显示,包含元音/a/的普通话单字音幅度积最大,包含元音/i/的普通话单字音幅度积最小。从具体区分声调类型的单字音幅度积统计来看,在阴平、阳平、上声和去声四个声调中,包含元音/a/的单字音幅度积在阴平、阳平和去声中最大,包含元音/u/的单字音幅度积在上声中最大,包含元音/i/的单字音幅度积无论是在阳平、上声还是在去声中都最小。

为了考察性别类型对普通话单字音幅度积的影响,本书对男性和女性发音人的整体单字音幅度积进行统计,其结果见表3-12。

表3-12 不同性别发音人普通话单字音幅度积对比表

性别	平均值/md	标准差
男	307	170
女	411	208

由表3-12可知,女性发音人的单字音幅度积要比男性发音人多104。以单字音幅

度积为因变量、性别类型为自变量的独立样本 T 检验结果显示,男性发音人的单字音幅度积($M=307,SD=170$)与女性发音人的单字音幅度积($M=411,SD=208$)之间具有显著差异,$t(563)=-5.172,p<0.05$。也就是说,性别类型对单字音的幅度积确实具有影响,女性发音人的单字音幅度积大于男性发音人。

为了进一步弄清在包含哪个元音的单字音中女性发音人比男性发音人的幅度积大,本书进一步按照元音类型进行统计分析。不同性别发音人普通话单字音区分元音类型幅度积对比表见表 3-13。

表 3-13 不同性别发音人普通话单字音区分元音类型幅度积对比表

元音	男		女	
	平均值/md	标准差	平均值/md	标准差
/a/	329	175	440	210
/i/	282	167	375	210
/u/	311	166	412	191

由表 3-13 可知,整体来看无论是男性发音人还是女性发音人产出的包含元音 /a/ 的幅度积都最大,包含元音 /i/ 的单字音幅度积都最小,包含元音 /u/ 的幅度积居中。也就是说,在单字音中按照幅度积大小排序的话,/a/ > /u/ > /i/,这与前文的分析结果一致。从男、女不同性别发音人的幅度积的比较来看,女性发音人幅度积在包含元音 /a/、/i/、/u/ 的单字音中均大于男性发音人的幅度积,具体差值见表 3-14。

表 3-14 不同性别发音人区分元音类型普通话单字音幅度积差值表

元音	男/md	女/md	差值/md
/a/	329	440	111
/i/	282	375	93
/u/	311	412	101

从表 3-14 中可以看出,在包含元音 /a/ 的单字音中,女性发音人的幅度积平均值比男性发音人大 111;在包含元音 /i/ 的单字音中,女性发音人的幅度积平均值比男性发音人大 93;在包含元音 /u/ 的单字音中,女性发音人的幅度积平均值比男性发音人大 101。也就是说,男性发音人和女性发音人在包含元音 /a/ 和 /u/ 的单字音中幅度积差值比在包含元音 /i/ 的单字音中幅度积差值大。其中,在包含元音 /a/ 的单字音中,男性发音人和女性发音人的幅度积差值最大。

3.3.2 相对幅度积分析

由于普通话单字音幅度积容易受到发音人自身的声音强弱、发音人离麦克风的远近、录音设备的增益等影响,因此本书又计算了普通话单字音的相对幅度积。相对幅积等于含有同一元音的单字音幅度积除以包含相同元音的四个单字音的幅度积的平均值。例如,"搭"相对幅度积 = "搭"的幅度积/"搭""达""打""大"的平均幅度积。普通话单字音区分声调类型相对幅度积和绝对幅度积对比表见表3-15。

表3-15 普通话单字音区分声调类型相对幅度积和绝对幅度积对比表

	阴平	阳平	上声	去声
绝对幅度积/md	419	384	323	324
相对幅度积/md	1.18	1.07	0.85	0.88

从表3-15中可以发现,在单字音中,阴平的相对幅度积最大,相对值为1.18,超出平均值18%;上声的相对幅度积最小,相对值为0.85,比平均值少15%。整体来看,阴平和阳平的单字音相对幅度积超过平均值,上声和去声的单字音相对幅度积低于平均值。包含四个声调的单字音相对幅度积排序由大到小依次为:阴平>阳平>去声>上声。为了进一步检验声调类别对单字音相对幅度积的影响,以单字音相对幅度积做因变量,以声调类别做自变量,进行了单因素方差统计分析。结果显示,单字音相对幅度积差异显著,$df=3$,$F=89.780$,$p<0.05$。经过事后比较显示,各个声调之间的差异均显著,$p<0.05$。相对幅度积的结果与前文中幅度积的计算结果规律一致。

3.3.3 小结

声调类型对普通话单字音的幅度积有影响。在阴平、阳平、上声和去声四个声调中,普通话单字音的幅度积由大到小排序为:阴平>阳平>去声>上声。元音类型对普通话单字音的幅度积也有影响。包含不同元音的普通话单字音的幅度积由大到小排序为:/a/>/u/>/i/。此外,性别类型对普通话单字音的幅度积确实具有显著影响,男、女不同性别发音人的单字音幅度积之间差异显著,女性单字音幅度积比男性单字音幅度积大。

综合音高、音长和音强三个因素来考察阴平、阳平、上声和去声四个声调可以发现,单字音中阴平的音高特征为"高",阴平的相对时长(音长)没有超过平均值,排在第三,但是阴平的相对幅度积(音强)最大;阳平的音高特征为"升",阳平的相对时长超过了平均值,但是没有上声长,排在第二,阳平的相对幅度积(音强)也是排在第二,没有阴平的相对幅度积大;上声的音高特征为"低",上声的相对时长(音长)最长,但是上声的相对幅度积(音强)最小;去声的音高特征为"降",去声的相对时长(音长)最短,去声的相对幅度积(音强)排第三。

总体来看,每个声调的音高、音长、音强在声学表现上各有所长,各有所短,互为补充。例如,在音高上占优势的阴平,在音长上显得较短。这样通过音高、音长和音强的相互调节,在实际交流中四个声调都能实现负载信息的传递,达到有效交流。

第4章 普通话双字组语音特征分析

第1节 普通话双字组音高分析

本节主要对现代汉语普通话双字组声调音高进行分析。普通话有阴平、阳平、上声和去声四个单字调(下文分别以 1、2、3、4 表示)。双字组共有 16 种不同的声调组合。本书从《现代汉语词典》中给每一种排列各选一个双字组,共 16 个双字组。具体如下:

  1＋1 星期 1＋2 光荣 1＋3 工厂 1＋4 骄傲
  2＋1 平安 2＋2 重阳 2＋3 如果 2＋4 迟到
  3＋1 始终 3＋2 厂房 3＋3 写稿 3＋4 考试
  4＋1 唱歌 4＋2 事实 4＋3 历史 4＋4 电视

4.1.1 主体分布统计分析

如前文(3.1.1)所述,每一声调所占据的不是一条线,而是一条带状的声学空间。因此,本书对语音样本进行总体统计分析时,利用标准差来表示一组数据的离散程度,采用平均值加减标准差的方法得到每个声调的声学空间。

双字组中阴平主体分布图如图 4－1 所示。在双字组中,阴平基本上在格局图上部,整体呈平稳状,最后一个点略有下降。阴平的上限 T 值以 5 为界限,基本在 4.8 左右;中线 T 值在 4.37 左右;下限 T 值在 3.8 左右。双字组中的阴平 T 值标准差整体较小,只有第一个点的标准差为 0.51,其余各点的标准差基本都在 0.5 以下。双字组中的阴平如果以中线作为标准,取五度值为 55。

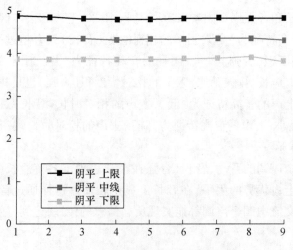

图 4－1 双字组中阴平主体分布图

双字组中阳平主体分布图如图 4-2 所示。双字组中的阳平基本在格局图的中上部,整体呈缓升状。起点的标准差要大于终点的标准差,在阳平取值点的最后一点呈现收拢状。这表明,在双字组中阳平调的终点是整个声调的稳态段,与单字调中阳平稳态段的表现一致(石锋,王萍,2006)①。但是,从 T 值来看,在双字组中阳平中线的起点 T 值为 3.47,终点 T 值为 4.01,其中第四点为最低点, T 值是 3.16,从第五点开始有所上升,但是升的幅度并不大。双字组中的阳平以中线作为标准,取五度值为 45。

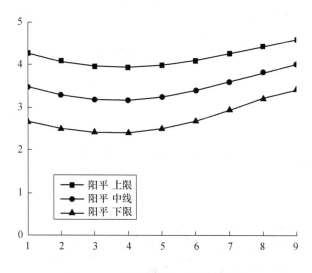

图 4-2 双字组中阳平主体分布图

双字组中上声主体分布图如图 4-3 所示。双字组中的上声主体分布占据了声调格局图中间的绝大部分区域。首先,与单字调中的上声不同,在双字组中上声读成"半上",并没有单字调中折点后上升的部分。也就是说,在双字组中,上声是一个降调。但是,又没有完全降到最低点,上声中线的起点 T 值为 3.26,终点 T 值为 2.30。起点 T 值在 2.3 到 4.2 之间,跨度接近 2 度。终点 T 值在 1.2 到 3.5 之间,跨度为 2.3,标准差较大,说明上声各取值点的集中程度不高。此外,双字组中的上声下降的范围不大,没有超过 1 度。对应的五度值,上限 54,中线 43,下限 32,以中线为标准取五度值,双字组中的上声可以记为 43。

双字组中去声主体分布图如图 4-4 所示。双字组中的去声主体分布占据格局图的上中部,呈现缓慢的下降状。但是终点并没有下降到声调格局图中的最低点,双字组去声中线的终点 T 值为 3.05,降到格局图的中间部分就停止了。此外,双字组中去声起点处的标准差较小,呈集中趋势,越往后各点的标准差越大,呈分散状。去声起点中线 T 值为 4.48,终点 T 值为 3.05,跨度为 1 度多。对应的五度值为:上限 55,中线 54,下限 43,以中线作为标准,双字组中的去声可以记为 54。

---

① 石锋,王萍.北京话单字音声调的统计分析[J].中国语文,2006(1):33-40.

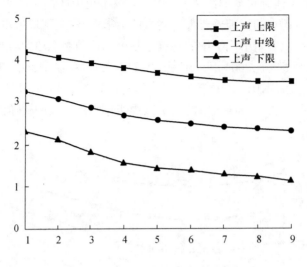

图4-3 双字组中上声主体分布图

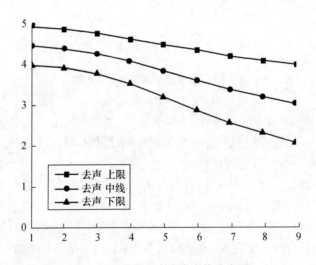

图4-4 双字组中去声主体分布图

从上述分析可以发现,双字组中上声和去声都是降调,上声呈现"半上"的降调调形。因此,本书进一步考察了去声与"半上"上声之间的差异。由于降调起点与终点的音高可以代表整体声调的音高,另外,起、终点音高差值也体现了降调的斜率,因此本书分别对上声和去声起点与终点音高 T 值进行分析。

上声和去声起点和终点音高 T 值对比表见表4-1。

表 4-1　上声和去声起点和终点音高 T 值对比表

	上声		去声	
	平均值	标准差	平均值	标准差
起点	3.26	0.95	4.48	0.43
终点	2.30	1.19	3.05	0.95

首先,本书以上声起点和去声起点的 T 值为因变量、声调类型为自变量做独立样本 T 检验。结果显示,上声起点处 T 值($M = 3.26, SD = 0.95$)与去声起点处 T 值($M = 4.48, SD = 0.43$)具有显著差异,$t(736) = -22.024, p < 0.05$。这一结果说明,虽然在双字组中上声和去声同为降调,但在起点处上声和去声的 T 值有显著性差异,上声起点要明显低于去声起点。

然后,本书又以上声和去声终点处 T 值为因变量、声调类型为自变量做独立样本 T 检验。结果显示,上声终点处 T 值($M = 2.30, SD = 1.19$)与去声终点处 T 值($M = 3.05, SD = 0.95$)之间具有显著差异,$t(741) = -9.344, p < 0.05$。这一结果说明,虽然在双字组中上声和去声同为降调,但是上声和去声 T 值在终点位置也具有显著差异,上声终点要明显低于去声终点。

也就是说,从上面的分析我们发现,在双字组中上声的起点和终点均比去声低。其中,上声起点和终点的差异为0.96,去声起点和终点的差值为1.43。上声起点和终点的差值要小于去声起点和终点的差值。换句话说,上声的斜率要小于去声的斜率,上声更趋近于平缓。并且,上声的整体 T 值都要低于去声。

因此,在双字组中上声的降调为低降,其本质是"低平",起点位置的"降"是发音生理的缘由。声带的自然状态是中音,当需要发低音的时候,声调需要调节,即有一个下降的过渡。上声开始的"降"正好体现了声带从自然状态到"低平"上声的调节过程(石锋,冉启斌,2011)①。在上声中"降"并不是最根本的,"低平"才是根本的特征。虽然半上是一个降调,但是整体音高均低于去声,并且斜率相对较小,降调调势相对平缓。去声的降调为高降,其突出特征是"高起点"和"大斜率"。所以在双字组中上声的降调为低降,是单独的调类,与去声高降调不同。

总体来看,如果把整个格局图分为上、中、下三部分,在双字组连读声调分布中,阴平调占据上部分,是一个典型的高平调;阳平调从起点到终点,占据中部和上部,是一个中升调;上声从起点到终点主要占据中部和下部,是一个中降调;去声的起点主要集中在最上部,是一个典型的高降调。在主体分布上,四个声调在双字组连读中各自保持了原有调类的特征,并能与其他调类在音系学上有明显的区别。其中,阳平与上声的起点范围虽然一致,但阳平的"升"与上声的"降"形成对比;上声与去声虽同为降调,但上声的"中"降与去声的"高"降形成鲜明对比,尤其去声起点的标准差小于上声起点,说明

---

① 石锋,冉启斌.普通话上声的本质是低平调——对《汉语平调的声调感知研究》的再分析[J].中国语文,2011(6):550-555.

去声的起点离散度更小,即使在连读语流中它的"高起点"仍是稳定的特征。

4.1.2 相邻声调对音高的影响

本书对不同性别发音人的数据进行了单独分析。首先分析男性发音人后接声调对前字声调音高的影响。由图4-5至图4-8可知,男性发音人双字组中不同声调的后字对前字的声调音高确实有一定的影响,主要表现在如下方面。

男性发音人双字组中前字阴平后接不同声调时的音高表现如图4-5所示。前字阴平的调值虽然都为55,但是后接不同声调时,前字阴平的音高仍然有一些变化。前字为阴平,当其后接以"高""平"为主要特征的阴平时,前字阴平的整体音高并不是最高,并且低于后字阴平的音高。相反,前字为阴平,当其后接以"低"为主要特征的上声时,前字阴平的音高整体最高。此外,当前字为阴平,后接起点较低的阳平和上声时,前字阴平的调尾(以整个调形的前三分之一为调头,中间三分之一为调干,后面三分之一为调尾)部分有稍微的下降,其中阳平前阴平调的调尾下降最明显。

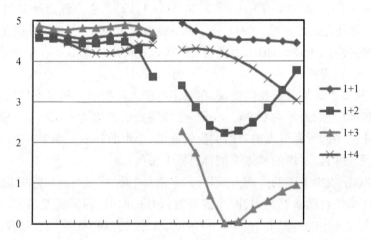

图4-5 男性发音人双字组中前字阴平后接不同声调时的音高表现

男性发音人双字组中前字阳平后接不同声调时的音高表现如图4-6所示。前字阳平的调值在上声和阳平前为45,在去声和阴平前为34。前字阳平的调头短,有"凹"的特征。根据后接声调的不同,前字阳平的终点处音高表现出明显不同:上声前>阳平前>阴平前>去声前。也就是说,后接高起点的阴平和去声时,前字阳平的终点较低;后接低起点的上声和阳平时,前字阳平的终点较高,即前字阳平的终点高低与后字的起点高低正好相反。

前字上声后接不同声调时音高也有一些变化。男性发音人双字组中前字上声后接不同声调时的音高表现如图4-7所示。"上上相连"时,也就是前字上声后接上声调时,前字上声音高由低降变为中升调。除此之外,根据后接声调的不同,前字上声终点处音高不同表现出明显不同:去声前>阴平前>阳平前。也就是说,后接高起点的阴平和去声时,前字上升的终点较高;后接低起点的阳平时,前字上升的终点较低,即前字上声的终点高低与后字的起点高低相一致。

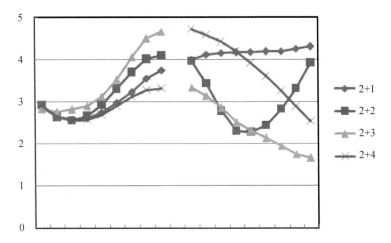

图 4-6　男性发音人双字组中前字阳平后接不同声调时的音高表现

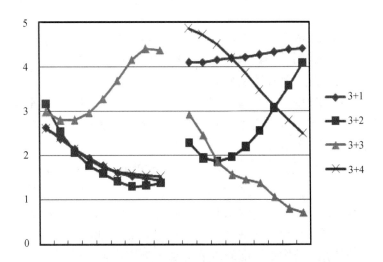

图 4-7　男性发音人双字组中前字上声后接不同声调时的音高表现

前字去声后接不同声调时音高也有一些变化。双字组前字位置上的去声后接"低"起点的上声和阳平时,整体音高较高;同时,双字组前字位置去声后接"高"起点的阴平和去声时,整体音高较低。此外,前字去声调尾处音高排序为:上声前 > 阳平前 > 阴平前 > 去声前。男性发音人双字组中前字去声后接不同声调时的音高表现如图 4-8 所示。

综上所述,对男性发音人双字组后字对前字音高影响的分析中,可以发现当前字为阴平时,后接声调起点的高低对前字的调尾产生影响,即后接起点较低的上声和阳平时,前字阴平的调尾音高出现明显的下降趋势;后接起点较高的阴平和去声时,前字阴平的音高没有出现明显的降尾。当前字为阳平时,后字声调对前字声调的调尾也产生影响,后接起点较低的上声和阳平时,前字阳平的调尾音高较高;后接起点较高的阴平和去声时,前字阳平的调尾音高较低。

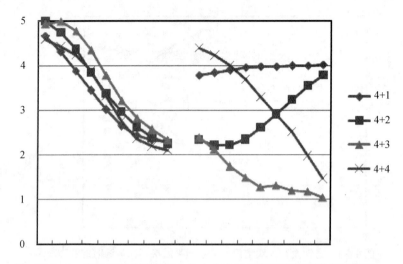

图4-8 男性发音人双字组中前字去声后接不同声调时的音高表现

也就是说,前字阴平和阳平调的调尾音高在低起点的后字声调前更高,在高起点的后字声调前更低,呈现出后接声调调头音高对前字声调调尾音高的反向作用。但是,当前字为上声和去声时,这一规律不明显。

图4-9至图4-12是女性发音人双字组中前字后接不同声调时的音高表现。从图中可以看出,女性发音人双字组中不同声调的后字对前字的声调音高确实有一定的影响,主要表现在如下方面。

女性发音人双字组中前字阴平后接不同声调时的音高表现如图4-9所示。前字阴平调值虽然为55,但是后接不同声调时,却有不同的变化。其中,同男性发音人的表现一样,女性发音人前字阴平在低起点的后字上声前音高最高。后字为阴平时,前字阴平调并不是最高,其音高反而低于后字阴平。此外,在后接低起点的阳平和上声时,前字阴平调尾有轻微的下降,阳平调前的阴平调尾下降最明显。

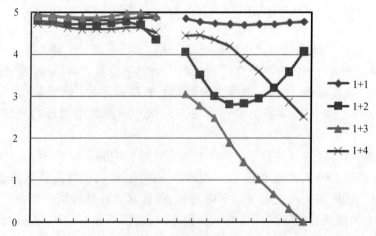

图4-9 女性发音人双字组中前字阴平后接不同声调时的音高表现

女性发音人双字组中前字阳平后接不同声调时的音高表现如图4-10所示。前字阳平呈现前部略"凹"的上升调形。前字阳平在后字阳平和上声前，整体音高高于在阴平和去声前。阳平调调尾的音高值按照由大到小排序为：上声前＞阳平前＞阴平前＞去声前。也就是说，前字阳平的调尾音高值在低起点的阳平和上声前，要高于高起点的阴平和去声前。

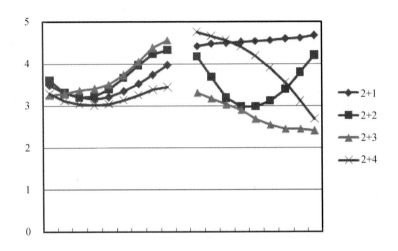

图4-10 女性发音人双字组中前字阳平后接不同声调时的音高表现

上声调受后接声调的影响主要表现在：上上相连，前字上声变为上升调。此外，上声调在阴平、阳平、去声前都呈现"下降"的"半上"调形。"半上"受后字声调影响相对较小。前字上声调尾的音高值按照由大到小排序为：去声前＞阳平前＞阴平前。女性发音人双字组中前字上声后接不同声调时的音高表现如图4-11所示。

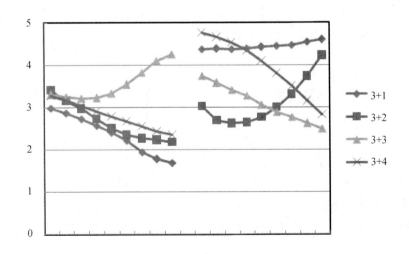

图4-11 女性发音人双字组中前字上声后接不同声调时的音高表现

女性发音人双字组中前字去声后接不同声调时的音高表现如图4-12所示。去声调整体呈现下降调形。前字去声在非调尾段可以分为两组。后接高起点的阴平和去声的前字去声音高低于后接低起点的阳平和阴平的前字去声音高。此外,前字去声调尾处的音高值按照由大到小排序为:上声前＞阳平前＞阴平前＞去声前。也就是说,前字去声调尾的音高在低起点后字声调前高于在高起点后字声调前。

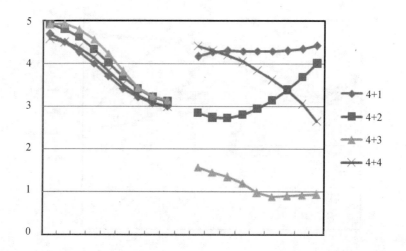

图4-12　女性发音人双字组中前字去声后接不同声调时的音高表现

综上所述,男、女不同性别发音人在双字组后字对前字音高影响表现方面基本一致。主要表现为:后字声调起点音高对前字调尾音高有影响,当后接低起点的阳平和上声时,前字调尾音高较高;当后接高起点的阴平和去声时,前字调尾音高较低。也就是后接声调调头音高对前字声调调尾音高的反向作用。这一现象在阴平和阳平中表现更明显。这一结果与邓丹(2010)[①]对一位女性发音人语音分析的结果一致。也就是说,在连读中,前字音高受到后字影响是普遍现象。男性发音人和女性发音人都表现出同样的规律。

本书对不同性别发音人前字对后接声调音高表现分别进行了统计。图4-13至图4-16是男性发音人普通话双字组中后字前接不同声调时的音高表现。从图中可以看出,后字的音高在前接不同声调时存在一些差异,具体表现如下。

男性发音人双字组中后字阴平前接不同声调时的音高表现如图4-13所示。当阴平位于双字组的后字位置时,五度值可以定为55,是一个高平调。但是,由于受到前字声调的影响,后字阴平的调头部分略有不同。当前字为调尾音高较高的阴平和阳平调时,受到前字较高调尾音高的影响,双字组中后字阴平的起点也比较高。同时,当前字为调尾音高较低的上声和去声时,双字组中后字阴平的起点相对阴平和阳平后的起点略低。

---

① 邓丹.汉语韵律词研究[M].北京:北京大学出版社,2010.

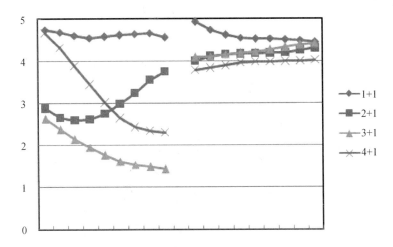

图 4-13　男性发音人双字组中后字阴平前接不同声调时的音高表现

当阳平位于双字组的后字位置时,也受到前字不同声调的影响。从图 4-14 中可以发现,双字组中后字阳平起点音高表现分为两组。当双字组的前字是调尾音高较高的阴平或阳平时,受到前字高终点的影响,后字阳平起点也较高,呈现出一个明显的"凹"的趋势。然而,当双字组前字是调尾音高较低的上声或去声时,受到前字低终点的影响,后字阳平起点相对较低,后字阳平呈现出一个缓慢上升的趋势。也就是说,后字阳平调头段的音高表现出:高终点后音高 > 低终点后音高。

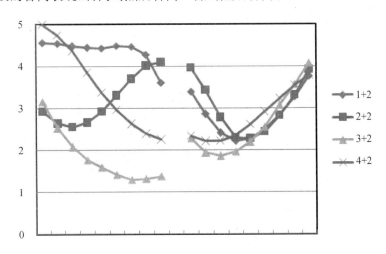

图 4-14　男性发音人双字组中后字阳平前接不同声调时的音高表现

当上声位于双字组的后字位置时,后字上声呈现两种调形。在阳平、上声、去声后,双字组后字上声并没有读成单字音中的全"凹"形调,而是一个呈下降趋势的"半上"。从图 4-15 中可以发现,双字组中前字声调的调尾音高影响后字上声调头的音高。当双字组前字是以高点结束声调时,后字上声的起点相对较高。当双字组中的前字是以低点结束的去声时,后字上声起点较低。也就是说,后字上声起点音高呈现出:高终点后音高＞低终点后音高。男性发音人双字组中前字为阴平时,后字上声不是低降调,而是一个"凹"调,在声调的中后部有所上升,但是上升幅度没有超过1度。

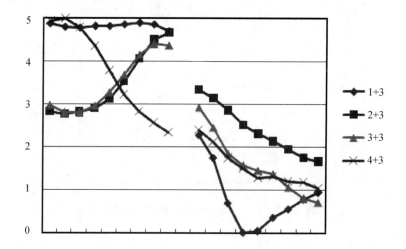

图4-15 男性发音人双字组中后字上声前接不同声调时的音高表现

男性发音人双字组中后字去声接不同声调时的音高表现如图4-16所示。当去声位于双字组中的后字位置时,去声的调值在阴平后是54,在阳平和上声后是53,在去声后是52。但是,双字组中的后字去声的起点在阳平和上声调后较高,而在去声和阴平调后较低。这与后字为阴平、阳平、上声的调头音高表现出受到前字调尾音高影响的规律不一致。相比之下,去声后去声的整体音高比其他三个声调后的音高都低。下面先分析女性发音人前字对后字声调音高的影响。

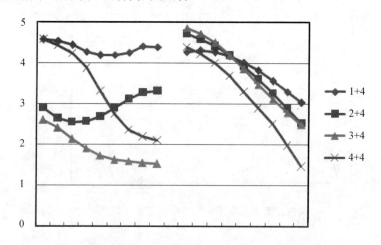

图4-16 男性发音人双字组中后字去声接不同声调时的音高表现

图4-17至图4-20是女性发音人双字组中后字前接不同声调时的音高表现。从图中可以看出,后字的音高在前接不同声调时存在一些差异,具体表现如下。

当阴平位于双字组的后字位置时,五度值可以定为55,是一个高平调。但是,由于受到前字声调的影响,后字阴平的调头部分略有不同。当前字为调尾音高较高的阴平和阳平调时,受到前字较高调尾音高的影响,双字组中后字阴平的起点也比较高。同时,当前字为调尾音高较低的上声和去声时,双字组后字阴平的起点相对阴平和阳平后的起点略低。女性发音人双字组中后字阴平调头的表现与男性发音人相同。女性发音人双字组中后字阴平前接不同声调时的音高表现如图4-17所示。

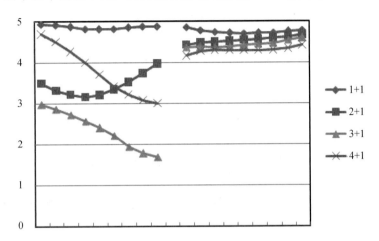

图4-17 女性发音人双字组中后字阴平前接不同声调时的音高表现

当阳平位于双字组的后字位置时,也受到前字不同声调的影响。从图4-18中可以发现,双字组中后字阳平起点音高表现分为两组。当双字组的前字是调尾音高较高的阴平或阳平时,受到前字高终点的影响,后字阳平起点也较高,呈现出一个明显的"凹"的趋势。然而,当双字组前字是调尾音高较低的上声或去声时,受到前字低终点的影响,后字阳平起点相对较低,后字阳平呈现出一个缓慢上升的趋势。也就是说,后字阳平调头段的音高表现为:高终点后音高 > 低终点后音高。女性发音人双字组中后字阳平调头的表现与男性发音人相同。

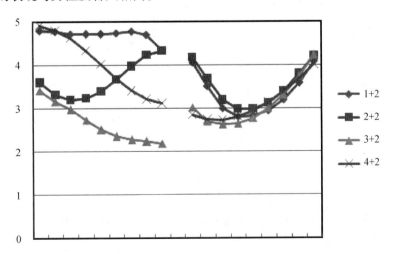

图4-18 女性发音人双字组中后字阳平前接不同声调时的音高表现

当上声位于双字组后字位置时,上声音高曲线呈下降趋势。从图4-19中可以发现,当双字组中前字为高终点声调时,后字上声起点相对较高。当双字组中前字是低终点声调时,后字上声起点较低。也就是说,后字上声起点音高呈现出高终点后音高,低终点后音低的现象。此外,前文分析中发现,男性发音人双字组中前字为阴平时,后字上声不是低降调,而是一个"凹"调,在声调的中后部有所上升。但是,女性发音人双字组中后字上声都呈现出降调的趋势。这从一定程度上表明女性发音人体现语言发展变化的趋势,男性则更保守(张妍,2016)[①]。

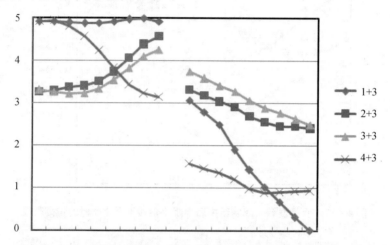

图4-19 女性发音人双字组中后字上声前接不同声调时的音高表现

当去声位于双字组中后字位置时,去声调值为53。但双字组中后字去声起点在阳平和上声调后较高,而在去声和阴平调后较低。这与后字为阴平、阳平、上声时调头音高表现规律不一致。这一结果与男性发音人相同。女性发音人双字组中后字去声前接不同声调时的音高表现如图4-20所示。

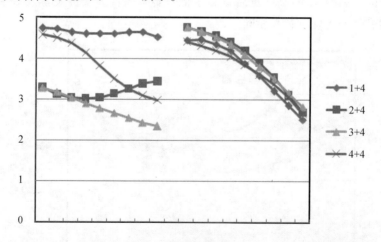

图4-20 女性发音人双字组中后字去声前接不同声调时的音高表现

---

① 张妍.美国小妞电影的审美诉求[J].电影文学,2016(4):34-36.

综上所述,男、女不同性别发音人在双字组中后字声调对前字声调影响的音高表现中基本相同,主要表现为前字声调调尾音高对后接声调调头音高产生顺向影响。前字声调调尾音高较高,后接声调调头音高较高;前字声调调尾音高较低,后字声调调头音高也低。也就是说,如果双字组前字为阴平和阳平,后字声调调头较高;如果双字组前字为上声和去声,后字声调调头较低。但是,从本书分析的结果来看,当双字组中的后字为去声时,并未表现出这一规律。

4.1.3 位置类型对声调的影响

本书将双字组中前后不同位置四个声调的音高表现中所示的中线作为声调音高各取值点平均值线;上面的线代表平均值加标准差得到的声调音高上限;下面的线代表平均值减标准差得到的声调音高下限。

双字组前后不同位置阴平音高表现如图 4-21 所示。阴平无论是在双字组前字位置还是在后字位置,都是一个高平调。当阴平在前字位置的时候,T 值基本都在 4 度到 5 度之间。当阴平在后字位置的时候,T 值中线也在 4 度和 5 度之间,只有下限在 3 度和 4 度之间。就中线数值比较来看,阴平位于前字时的 T 值要整体高于阴平位于后字时的 T 值。此外,前字阴平调尾部分略有下降,而后字阴平则表现出调尾部分轻微上扬。双字组前字位置阴平尾部下降可能是受到后字声调音高的影响,而双字组后字处于边界位置,声调的调尾部分没有后接声调的影响所以未出现声调下降的现象。因为阴平本身为平调,所以为了考察双字组位置类型对阴平音高的影响,以阴平特征点中点 T 值为因变量、位置类型为自变量做独立样本 T 检验。结果显示,双字组中前字阴平中点($M=4.7$, $SD=0.26$)与后字阴平中点($M=4.3$, $SD=0.29$)之间差异显著,$p<0.05$。也就是说,阴平在前字位置时的 T 值要显著高于阴平位于后字位置时的 T 值。

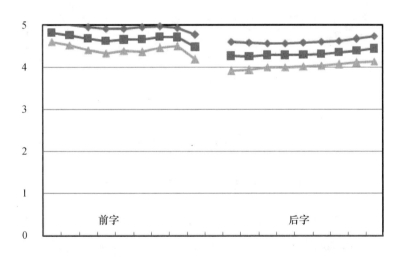

图 4-21 双字组前后不同位置阴平音高表现

双字组前后不同位置阳平音高表现如图 4-22 所示。阳平无论是在双字组前字位置还是在后字位置,都是一个上升的调形,但是上升的位置和上升的程度略有不同。阳平调在前字位置的前三个取值点的值基本相同,成持平的形状,从第四点开始上升,上升的幅度比较平缓,在结尾的第八点和第九点基本又是持平稳的状态。但是,在后字位置上的阳平呈现出一个明显的"凹"形,即从第一点到第四点呈现出下降的趋势,从第四点往后 T 值又开始上升。因为阳平本身是升调,所以以其特征点起点和终点做独立样本 T 检验,考察双字组位置类型对阳平音高的影响。首先,以阳平起点 T 值为因变量、位置类型为自变量做独立样本 T 检验。结果显示,双字组中前字阳平起点 T 值($M = 2.83, SD = 0.56$)与后字阳平起点 T 值($M = 2.99, SD = 0.46$)之间没有显著性差异,$p > 0.05$。然后,又以阳平终点 T 值为因变量、位置类型为自变量做独立样本 T 检验。结果显示,双字组中前字阳平终点 T 值($M = 3.88, SD = 0.36$)与后字阳平终点 T 值($M = 3.80, SD = 0.47$)之间没有显著性差异,$p > 0.05$。也就是说,双字组前字阳平的起点和终点与后字阳平的起点和终点之间音高上基本相等,差异不大。最后,以阳平第四点折点 T 值为因变量、位置类型为自变量做独立样本 T 检验。结果显示,双字组前字阳平折点 T 值($M = 2.53, SD = 0.51$)与后字阳平折点 T 值($M = 2.04, SD = 0.56$)之间差异显著,$p < 0.05$。也就是说,双字组后字阳平位置折点 T 值显著小于前字阳平折点 T 值。这也印证了前面观察发现后字阳平"凹"形比前字阳平更大的现象。这可能是由于当阳平位于双字组的前字位置时,受到后字声调的影响略有上升就被感知为上升调,是前后对比突出了"升"的特征。然而,当阳平位于后字位置时,缺乏对比,所以需要用更加突出的"上升"和"凹"形来突出阳平"升"的特征,才能被感知为阳平。

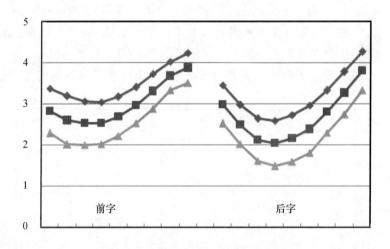

图 4 – 22 双字组前后不同位置阳平音高表现

双字组前后不同位置上声音高表现如图 4 – 23 所示。上声无论是在双字组前字位置还是在后字位置,都表现为一个下降的调形。起点在 2 度与 3 度之间,终点在 1 度与 2 度之间。以平均值的中线来看,上声位于前字位置时的 T 值要高于上声位于后字位置时的 T 值。因为上声为降调,所以为了考察双字组位置类型对上声音高的影响,首先以上声起点 T 值为因变量、位置类型为自变量做独立样本 T 检验。检验结果显示,双字组前字上声起点 T 值($M = 2.65, SD = 0.58$)与后字上声起点 T 值($M = 2.33, SD = 0.75$)之间差异显著,$p < 0.05$。也就是说,双字组前字上声起点要明显高于后字上声起点。然后,以位置类型为自变量,以上声终点 T 值为因变量,做独立样本 T 检验。结果显示,双字组前字上声终点 T 值($M = 0.98$,SD $= 0.71$)与后字上声终点 T 值($M = 0.44$,SD $= 0.53$)之间差异显著,$p < 0.05$。也就是说,双字组前字上声终点要明显高于后字上声终点。

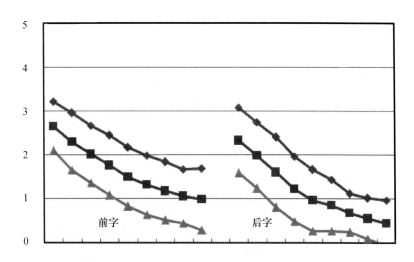

图 4－23　双字组前后不同位置上声音高表现

上声位于双字组后字位置时,各个取值点的标准差要普遍大于上声位于前字位置时的标准差。基于此,本书对上声在后字位置的 T 值数据做进一步分析。上声位于后字位置调形统计表见表 4－2。

表 4－2　上声位于后字位置调形统计表

例字	半上	全上	其他
（工）厂	31	12	7
（如）果	44	2	4
（写）稿	30	7	13
（历）史	30	7	13
合计/个	135	28	37
合计/%	67.5%	14.0%	18.5%

由表 4－2 可知,在双字组后字位置,上声并没有全部读成半上,导致双字组中后字上声音高标准差较大。

沈炯(1999)[①]指出,上声基调还可能有中音区尾音特征,但只有在单说或停顿前它才以声调尾音形式出现。也就是说,"尾音"升高出现在"单说或停顿"前,即边界位置。所以本书中双字组后字位置出现上升"尾音"属于这一类,标志着双字组结束边界。但是,从本书统计数字来看,双字组后字上声读成带上升尾音"全上"的比例仅为14%,远低于读成低降的"半上"的比例(67.5%)。所以,在双字组前字和后字位置,上声都更趋向于读成低降的"半上"。此外,对普通话二字词变调的实验研究也发现后字上声有读低降的情况(林茂灿,林联合,夏光荣,曹雨生,1980)[②],本书的研究也发现了这一现象。

双字组前后不同位置去声音高表现如图4-24所示。去声无论是在双字组前字位置还是在后字位置,都表现为高降的调形。起点 T 值位于4度和5度之间,终点 T 值位于2度和3度之间。为了考察双字组中位置类型对去声音高的影响,首先以去声起点 T 值为因变量、位置类型为自变量做独立样本 T 检验。结果显示,双字组前字去声起点 ($M=4.81$, $SD=0.22$) 与后字去声起点 ($M=4.55$, $SD=0.30$) 之间差异显著。也就是说,双字组前字去声起点显著高于后字去声起点。然后以去声终点 T 值为因变量、位置类型为自变量做独立样本 T 检验。结果显示,双字组前字去声终点 ($M=2.15$, $SD=0.67$) 与后字去声终点 ($M=1.87$, $SD=0.89$) 之间差异不显著。也就是说,双字组前字去声终点比后字去声终点高,但是不具有统计学意义上的显著性。

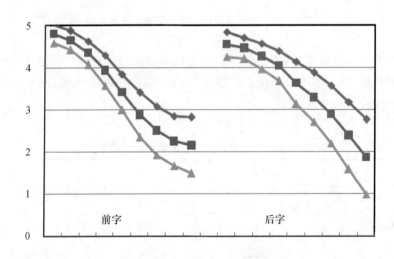

图4-24 双字组前后不同位置去声音高表现

从对双字组中前字和后字声调音高对比分析来看,就双字组内部而言,参考中线数值,后字音高要低于前字音高。这表明与其他语言一样,普通话双字组内部存在音高下

---

① 沈炯. 汉语音高载信系统模型[M]// 石锋,潘悟云. 中国语言学的新拓展——庆祝王士元教授六十五岁华诞. 香港:香港城市大学出版社,1999.
② 林茂灿,林联合,夏光荣,等. 普通话二字词变调的实验研究[J]. 中国语文,1980(1):74-79.

倾现象,下倾影响每一个字(王安红,陈明,吕士楠,2004)[①]。

4.1.4 上声变调分析

本书单独考察了"上上相连"前字上声与"阳平+上声"组合前字阳平的音高表现。根据剔除离群值之后得到的各点平均值加标准差和减标准差,分别得到"写"和"如"两个字的声调调域空间带状包络,如图4-25所示。

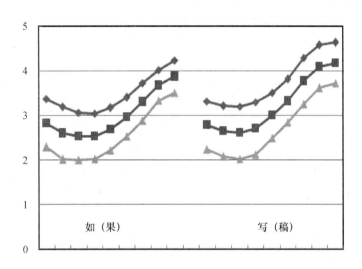

图4-25 双字组"如果""写稿"中的"如"和"写"的音高表现

从图4-25中可以看到,整体来看,"写稿"中"写"的音高由原来的上声变成了上升的"阳平"调,"写"的调形与"如果"的"如"中的调形相似。为了考察双字组前字阳平"如果"中的"如"与双字组"上上相连"、前字上声变调"写稿"的"写"之间的关系,我们首先以声调类型为自变量,以"上上相连"中"写稿"的前字上声"写"的起点 T 值数据和"如果"的"如"的起点 T 值数据为因变量做独立样本T检验。结果显示,"如果"中"如"的起点 T 值($M=2.83$, $SD=0.55$)与"写稿"中"写"的起点 T 值($M=3.87$, $SD=0.36$)之间差异不显著, $p>0.05$ 。也就是说阳平起点与上声变调起点之间起点的 T 值基本没有差异。然后,以声调类型为自变量,以"上上相连"中"写稿"的前字上声"写"的终点 T 值数据和"如果"的"如"的终点 T 值数据为因变量做独立样本T检验。结果显示,"如果"中"如"的终点 T 值($M=3.87$, $SD=0.36$)与"写稿"中"写"的起点 T 值($M=4.18$, $SD=0.45$)之间差异显著, $p<0.05$ 。也就是说,上声变调终点 T 值显著高于阳平终点 T 值。这一结果表明,"上上相连",前字上声变为中升调。在双字组中,变为中升调的上声调尾音高略微高于阳平调尾音高。

[①] 王安红,陈明,吕士楠.基于言语数据库的汉语音高下倾现象研究[J].声学学报,2004(4):353-358.

4.1.5 小结

首先,阴平在双字组中前、后不同位置的表现差异最明显。阴平位于双字组的前字位置时的音高要普遍高于阴平位于后字位置时的音高。阳平在双字组前、后不同位置上的调形略有不同。阳平调在前字位置呈现缓慢上升调形,但是,在后字位置上的阳平呈现出一个明显的"凹"形。从整体音高来看,上声在双字组的前字位置的音高要高于其位于后字位置的音高。去声在双字组中前字位置的音高也要普遍高于其在双字组中后字位置的音高。因此,从声调位于双字组词前、后位置的音高表现比较来看,普遍呈现出音高下倾的趋势,即当声调位于双字组的前字位置时,声调的音高普遍要高于位于后字位置时的音高。

其次,在双字组中,无论是在前字位置还是在后字位置,上声都更趋向于读成低降的"半上"。这一发现或许说明上声并不是一个完全的曲折调,在双字组中,上声在前字和后字中的表现与单字音中有所不同。上声的主要特征并不是"曲折",而是"低平"。

通过考察"上上相连"的前字上声与阳平+上声组合中的前字阳平的音高表现,本书研究发现,"上上相连",前字上声变为中升调。在双字组中,变为中升调的上声调尾音高略微高于阳平调尾音高。

第2节 普通话双字组音长分析

本节主要对现代汉语普通话双字组音长进行分析,包括普通话双字组绝对时长分析和普通话双字组时长比分析。

4.2.1 普通话双字组绝对时长分析

本书首先对双字组中不同位置上的音节绝对时长进行对比分析。双字组前、后不同位置音节时长见表4-3。

表4-3 双字组前、后不同位置音节时长

位置	平均值/ms	标准差
前字	390	78.74
后字	413	96.85

从表4-3中可以发现,在双字组中后字位置音节时长比前字位置音节时长更长,相差23 ms,整体音节平均时长约为402 ms。孤立的单字音的时长,平均值为433 ms(张妍,石锋,2016)[1]。双字组中音节平均时长比孤立的单字音的平均时长短31 ms,约占双字组平均时长的7.72%。因为本实验中双字组与单字音的语料收集方式一样,都是采

---

[1] 张妍,石锋.普通话单字音声调的统计分析[J].中国语音学报,2016(1):38-45.

用单独朗读的方式,并没有放到负载句中,所以本实验中双字组的平均时长(402 ms)比连续语流中的时长短(冯隆,1985)[①]。

本书对不同性别发音人的双字组音节时长进行了统计,结果见表4-4。

表4-4 不同性别发音人的双字组音节时长

性别	前字时长/ms	标准差	后字时长/ms	标准差
男	376	71.78	384	81.08
女	397	74.15	437	93.62

从表4-4中可以发现,女性发音人的音节平均绝对时长为417 ms,而男性发音人的音节平均绝对时长为380 ms,女性发音人的音节平均绝对时长比男性发音人的音节平均绝对时长长37 ms,约占男性发音人音节平均绝对时长的9.7%。此外,本书的研究还发现,男性发音人和女性发音人都是后字时长比前字时长更长。男性发音人后字时长比前字时长长8 ms;女性发音人后字时长比前字时长长40 ms。

4.2.2 普通话双字组时长比分析

本书采用时长比计算公式,分别计算了50位发音人的音节时长比,并从位置类型、声调类型、语法结构、性别类型四方面进行详细分析。

本书对不同位置上的双字组时长比进行了统计,结果见表4-5。

表4-5 双字组不同位置音节时长比

位置	平均值	标准差
前字	0.98	0.13
后字	1.02	0.13

从表4-5中可以发现,双字组中后字时长比大于前字,相差0.04。为了考察位置类型对时长比的影响,以时长比值为因变量、位置类型为自变量进行了独立样本T检验。结果显示,前字时长比($M=0.98, SD=0.13$)与后字时长比($M=1.02, SD=0.13$)之间具有显著性差异,$t(1\,592)=-7.529, p<0.05$。这说明,双字组中前字时长比显著小于后字时长比。

本书分别对双字组中前字位置和后字位置各声调的时长比进行了对比作图,如图4-26、图4-27所示。从图中可以看出,前字中阳平的时长最长,阴平和上声次之,去声的时长最短,显示为:阳平>阴平>上声>去声;后字中上声和阳平的时长长于阴平和去声,显示为:上声>阳平>阴平>去声。

---

① 冯隆.北京话语流中声韵调的时长[M]//林焘,王理嘉.北京语音实验录.北京:北京大学出版社,1985.

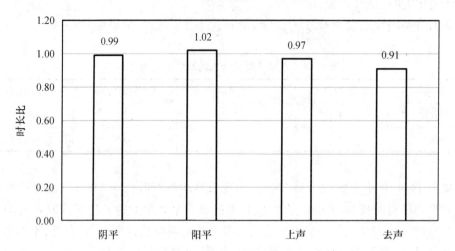

图 4-26 双字组中前字位置不同声调音节时长对比图

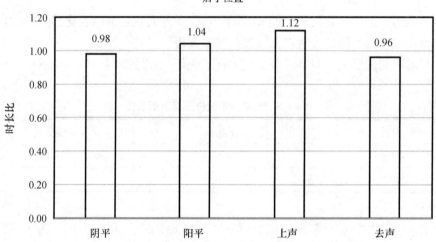

图 4-27 双字组中后字位置不同声调音节时长对比图

各声调时长相对关系的改变主要是由于上声在句中是低降调,而在句末是曲折调。双字组的前字与后字紧密相连,中间并无停顿。并且,上声在前字位置时为低降调。所以,从声调的调形来看,具有"上升"特征的阳平需要的时长最长,阳平是中升调,有一个从低到高的滑动过程,滑动的趋势使得上升的动作可以持续较长时间;其次是需要保持"高平"特征的阴平调,时长仅次于阳平;然后是具有"降"这一特征的上声和去声。上声是"低降",斜率较小,下降缓慢,而去声是"高降",在降调的发音中,惯性的作用使得去声的发音时间最短。

各个声调位于后字位置时处于双字组的结尾,因此各个声调的时长与前字位置时表现有所不同。上声在词尾位置时表现出"曲折"特征,先"降"后"升"的过程延长了时长,超过了阳平,成为时长最长的声调。虽然前面的音高分析显示,上声在双字组后字位置时声调调形并不都是曲折调,也出现中降的调形,但是在后字位置上的阳平"升"的高度没有在前字位置时上升的程度高,调形不如在前字位置时饱满,所以后字位置上的上声时长超过阳平,时长最长。阴平是高平调,发音器官不可能长期保持紧张状态,所以阴平调时长比阳平调要短。去声是高降调,发音时间最短。因此,各个声调在双字组前后不同位置时,时长表现主要由不同位置时的自身声调调形所决定。

本书的研究结果与冯隆(1985)[①]对北京话语流中的声韵调的时长研究结果一致。冯隆的研究结论是,四个声调在句中时,时长表现为:阳平>阴平>上声>去声,但是在句末时则表现为:上声>阳平>阴平>去声。

为了考察语法结构对双字组时长比的影响,本书按照语法结构对十六个双字组进行了分类,共分为并列、偏正、动宾三大类。

(1)并列:光荣、骄傲、平安、如果、始终、考试、历史。
(2)偏正:星期、工厂、重阳、迟到、厂房、事实、电视。
(3)动宾:写稿、唱歌。

本书对不同语法结构双字组中位于前字和后字位置上的音节时长进行对比分析。结果发现,并列结构双字组和偏正结构双字组中,后字音节时长比都大于前字音节时长比。然而,动宾结构双字组中,前字的音节时长比要大于后字的音节时长比。不同语法结构双字组前、后字音节时长分布图如图4-28所示。

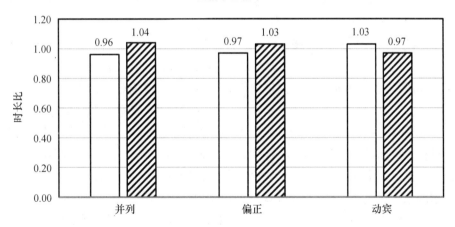

图4-28 不同语法结构双字组前、后字音节时长分布图

本书又将双字组前字位置不同语法结构中的音节时长和双字组后字位置不同语法结构中的音节时长放在一起进行比较分析。不同位置上不同语法结构双字组音节时长分布图如图4-29所示。

---

① 冯隆.北京话语流中声韵调的时长[M]//林焘,王理嘉.北京语音实验录.北京:北京大学出版社,1985.

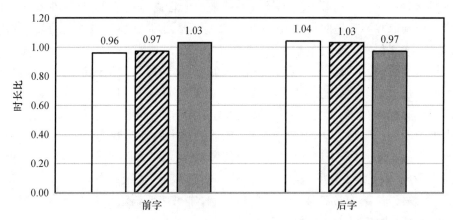

图 4-29 不同位置上不同语法结构双字组音节时长分布图

由图 4-29 可以发现,在双字组前字位置,不同语法结构前字时长比大小排序为:动宾 > 偏正 > 并列;在双字组后字位置,不同语法结构后字时长比大小排序为:并列 > 偏正 > 动宾。为了进一步考察在双字组不同位置上,语法结构对前字和后字音节时长的影响,以语法结构为自变量,分别以双字组前、后位置时长比为因变量进行单因素方差分析。从结果来看,前字时长比在不同语法结构中差异显著:$df = 2, F = 8.616, p < 0.05$。事后检验结果表明,动宾结构和并列结构的前字音节时长具有显著性差异,$p < 0.05$;动宾结构和偏正结构的前字音节时长也具有显著性差异,$p < 0.05$;并列结构和偏正结构的前字音长不具有显著性差异,$p > 0.05$。此外,后字时长比在不同语法结构中差异也显著:$df = 2, F = 8.616, p < 0.05$。事后检验结果显示,动宾结构和并列结构的后字音节时长具有显著性差异,$p < 0.05$;动宾结构和偏正结构的后字音节时长具有显著性差异,$p < 0.05$;并列结构和偏正结构的后字音长不具有显著性差异,$p > 0.05$。

杨顺安(1992)[①]指出,不论是多音字组,还是单个音节,发音人都会把它当一个句子来读。所以,这样一来,我们考察的问题,不仅有声调,还有语调的问题;不仅有词语层面上的问题,还有语句层面上的问题。如果孤立地从多音节组合的角度来看,组末重读音节的时长和调域都应大于组中或组首音节的。但如果这一词语是用陈述语气读出的,那么组末重读音节即是句末重读音节,其韵律特性肯定会受到句调的影响,因而出现阳平音节调域变窄和去声音节时长变短等现象。但是该实验并没有涉及语法结构的分析。林茂灿,颜景助,孙国华(1984)[②]在对北京话双字词的分析中对双字组的语法结构进行了分类,分别是主谓、动宾、补充、偏正和并列五种。其研究结果显示,五种结构都是多数后字长于前字,字音全长和带音段长度都是如此。由此得出的结论是,双字组中的语法结构并不会对音节长度的相对关系产生有规律的影响。然而,该结论只是从

---

① 杨顺安. 北京话多音节组合韵律特性的实验研究[J]. 方言,1992(2):128-137.
② 林茂灿,颜景助,孙国华. 北京话两字组正常重音的初步实验[J]. 方言,1984(1):57-73.

现象上进行描述,"五种结构都是多数后字长于前字"中的"多数"并没有给出具体的数据,也并没有进行进一步的统计分析。本书针对并列、偏正、动宾三种语法结构的双字组统计分析发现,并列结构和偏正结构的双字组中后字音节时长长于前字,但是动宾结构的双字组中后字的音节时长要比前字的音节时长短,并且这种差异达到了统计意义上的显著性。也就是说,语法结构对双字词音节长度的相对关系产生影响。动宾结构中位于前字位置的动词时长比后字宾语时长更长。

本书针对不同性别发音人的双字组前、后位置的时长比进行了单独统计,结果见表4-6。

表4-6 不同性别发音人双字组前、后字时长比

性别	前字	后字
男	0.99	1.01
女	0.96	1.04

从表4-6中可以发现,在双字组前字位置上,男性发音人时长比要比女性大0.03;在后字位置上,男性发音人时长比要比女性小0.03。不同性别发音人双字组时长比均为后字大于前字。这说明,女性在发双字组的时候,更倾向于把第二个音节的时长延长,前、后两个音节的时长差值较大,且大于男性。男性在发双字组的第二个音节的时候则更简短,前、后两个音节之间的时长差异较小。

为了进一步检测性别类型对双字组前、后字时长比的影响,以性别类型为自变量,分别以前字位置的时长比和后字位置的时长比为因变量,进行独立样本T检验。结果显示,在前字位置上,男性前字时长比($M=0.99,SD=0.13$)与女性前字时长比($M=0.96,SD=0.13$)之间具有显著性差异,$t(795)=3.183,p<0.05$。在后字位置上,男性后字时长比($M=1.01,SD=0.13$)与女性后字时长比($M=1.04,SD=0.13$)之间也具有显著性差异,$t(795)=3.183,p<0.05$。这一结果表明,男性发音人和女性发音人双字组中均是后字时长比大于前字时长比,差异显著。读前字时,男性比女性时长比更长,差值为0.03。读后字时,女性要比男性时长比更长,差值也为0.03。

4.2.3 小结

本节主要对双字组音长进行了分析。从绝对值来看,双字组中音节音长要比单字音长短。同时,后字音节时长要比前字音节时长更长。从双字组音节时长比来看,双字组中不同位置上四个声调时长表现不同。整体来看,位于前字位置时,阳平的时长最长,阴平和上声次之,去声的时长最短,显示为:阳平>阴平>上声>去声;位于后字位置时,上声和阳平的时长长于阴平和去声,显示为:上声>阳平>阴平>去声。针对并列、偏正、动宾三种语法结构的双字组音长进行的统计分析发现,并列结构和偏正结构中后字音节时长长于前字,但是动宾结构的双字组中,前字的音节时长要比后字音节时长长。男性发音人和女性发音人在产出双字组时,都是后字音节时长要长于前字音节

时长。但是女性发音人的后字比男性长,男性发音人的前字比女性长,呈现互补关系。

第3节 普通话双字组音强分析

本节主要对现代汉语普通话双字组音强进行分析,包括普通话双字组幅度积分析和普通话双字组音量比分析。

4.3.1 普通话双字组幅度积分析

本书首先对普通话双字组前、后不同位置音节幅度积进行对比分析,结果见表4-7。

表4-7 双字组前、后不同位置音节幅度积对比表

位置	平均值/md	标准差
前字	339	173
后字	350	179

从表4-7中可以发现,双音节中后字幅度积大于前字,幅度积平均值约为345。前文(3.3.1)测得普通话单字音幅度积平均值为362。也就是说双字组平均幅度积比单字音小17,约占双字组平均幅度积的5%。此外,双字组前、后字的幅度积标准差都很大,这可能是受到个体差异和发音人距离话筒远近的影响,因此下面本书采用相对化的音量比数据做进一步分析。

本书对不同性别发音人双字组前、后不同位置幅度积均值进行对比分析,结果见表4-8。

表4-8 不同性别发音人双字组前、后不同位置幅度积均值对比表

性别	前字/md	后字/md	平均值/md
男	290	282	286
女	394	423	409

由表4-8可以发现,整体来看,女性发音人的平均幅度积约为409,男性发音人的平均幅度积为286,女性发音人的平均幅度积大于男性发音人的平均幅度积,差值为123。也就是说,女性发音人的幅度积比男性发音人的幅度积大43%。此外,男性发音人的前字幅度积大于后字幅度积,差值为8;女性发音人的后字幅度积大于前字幅度积,差值为29。

4.3.2 普通话双字组音量比分析

本书采用音量比计算公式,分别计算了50位发音人的音节时长比,并从位置类型、声调类型、语法结构、性别类型四方面进行详细分析。

本书对不同位置上的双字组音量比进行统计,结果见表4-9。

表4-9 双字组不同位置音节音量比

位置	平均值	标准差
前字	0.99	0.24
后字	1.01	0.24

从表4-9中可以发现,双字组中后字位置的音量比与前字位置的音量比之差为0.02。梁磊和石锋(2010)[1]采用后字幅度积除以前字幅度积的方法计算音量比,得到双字组的音量比平均值为1.05,表明前、后字的幅度积基本相等,后字稍大,可以认为等重。本书的研究结果与"正常重音的两字组中多数前字能量强度大于后字"(林茂灿,颜景助,孙国华,1984)[2]的结果不一致,与"前、后字的幅度积基本相等,后字稍大"的分析结果基本一致。但是梁磊和石锋的研究主要目的是把正常重音的双字组后字音强与轻声进行对比,并未对正常重音的双字组做分类分析。下面本书将从声调类型、语法结构、性别类型三方面对双字组的音量比做进一步分析。

本书分别对双字组中前字位置和后字位置各声调的音量比进行对比分析,结果见表4-10。

表4-10 双字组不同声调类型的音量比

声调	平均值	标准差
阴平	1.15	0.20
阳平	0.99	0.22
上声	0.83	0.21
去声	1.03	0.20

从表4-10中可以看出,双字组中阴平调和去声调的音量比超过1,其中阴平调的音量比最大,为1.15,其次是去声调的音量比为1.03。双字组中阳平调和上声调的音量比均小于1,其中阳平调的音量比为0.99。上声调的音量比为0.83,在四个声调的音量比中最小。双字组中各个声调的音节音量比与单字音中略有不同。在单字音中阳平调的相对幅度积要比去声调的相对幅度积大。也就是说,双字组中四个声调的音节音量比由大到小的顺序排列依次为:阴平 > 去声 > 阳平 > 上声;但是,单字音中四个声调相对幅度积由大到小的顺序排列依次为:阴平 > 阳平 > 去声 > 上声。为了考察声调类型对双字组音节音量比的影响,以声调类型为自变量,以双字组的音节音量比为因变量做单因素方差分析。结果显示,双字组中不同声调类型的音节音量比之间差异显著,df = 3,$F = 145.754$,$p < 0.05$。事后比较结果显示,双字组中四个声调的音节音量比两两

---

[1] 梁磊,石锋.普通话两字组的音量比分析[J].南开语言学刊,2010(2):35-41.
[2] 林茂灿,颜景助,孙国华.北京话两字组正常重音的初步实验[J].方言,1984(1):57-73.

之间差异均显著。也就是说,声调类型对双字组音节音量比具有显著影响,各个声调的音量比之间差异较大。

为了进一步考察双字组中前、后不同位置上不同声调类型的音节音量比表现,将双字组不同声调的音节音量比按照前、后不同位置进行分类对比,结果见表 4-11。

表 4-11 双字组不同位置上四个声调音量比

位置	阴平		阳平		上声		去声	
	平均值	标准差	平均值	标准差	平均值	标准差	平均值	标准差
前字	1.15	0.17	0.88	0.21	0.86	0.24	1.04	0.19
后字	1.14	0.22	1.09	0.17	0.81	0.19	1.01	0.21

从表 4-11 中可以发现,阴平在双字组前字位置音量比大于后字位置音量比;阳平在双字组前字位置音量比小于后字位置音量比;上声在双字组前字位置音量比大于后字位置音量比;去声在双字组前字位置音量比大于后字位置音量比。也就是,除阳平之外,阴平、上声、去声在双字组中前字音量比均大于后字音量比。

双字组中四个声调的音节音量比在前、后字位置上的表现有相同点,都是阴平调的音节音量比最大,上声调的音节音量比最小。也有不同点,在前字位置,去声调的音节音量比排第二,四个声调的音节音量比由大到小的排序为:阴平 > 去声 > 阳平 > 上声;但是在后字位置,阳平调的音节音量比排第二,四个声调的音节音量比由大到小的排序为:阴平 > 阳平 > 去声 > 上声。双字组后字位置上四个声调音节音量比的排序与单字音中四个声调的相对幅度积大小排序一致。由于双字组中的后字位置处于边界位置,与独立单字音比较相近,因此双字组中后字位置的四个声调音节音量比的排序与单字音中四个声调的相对幅度积大小排序一致。

本书对不同语法结构双字组中位于前字和后字位置上的音节音量比进行对比分析。结果发现,在并列结构双字组和偏正结构双字组中,后字音节音量比均大于前字音节音量比。然而,在动宾结构双字组中,前字的音节音量比要大于后字的音节音量比。不同语法结构双字组前、后位置音节音量比如图 4-30 所示。

为了进一步考察在不同语法结构中双字组前、后字位置音节音量比的关系,以不同语法结构中位置类型为自变量,以双字组的音节音量比为因变量进行了独立样本 T 检验。结果显示,在偏正结构的双字组中,前字位置音节音量比($M=0.99, SD=0.24$)与后字位置音节音量比($M=1.01, SD=0.24$)之间没有显著性差异,$t(698) = -0.581$,$p>0.05$。在并列结构的双字组中,前字位置音节音量比($M=0.96, SD=0.25$)与后字位置音节音量比($M=1.04, SD=0.25$)之间具有显著性差异,$t(698) = -4.066$,$p<0.05$。在动宾结构的双字组中,前字位置音节音量比($M=1.04, SD=0.20$)与后字位置音节音量比($M=0.96, SD=0.20$)之间具有显著性差异,$t(198) =2.542, p<0.05$。也就是说,在偏正结构的双字组中,前、后位置的音节音量比之间差异不显著,并列结构和动宾结构的双字组中前、后位置的音节音量比之间差异显著。但是,并列结构的双字

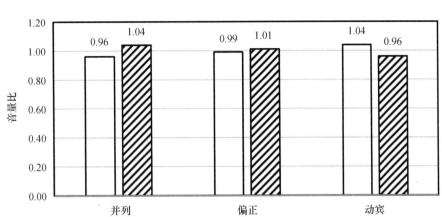

图 4-30　不同语法结构双字组前、后位置音节音量比

组中后字位置的音节音量比大于前字位置的音节音量比;动宾结构的双字组中前字位置的音节音量比大于后字位置的音节音量比。

前文关于位置类型对双字组音节音量的影响分析中发现,后字位置的音节音量比要显著大于前字位置的音节音量比。但是经过对双字组的语法分类分析发现,不同语法结构的双字组前、后位置的音节音量比表现不同。偏正结构和并列结构的双字组都是后字位置音节音量比大于前字位置音节音量比,但是动宾结构的双字组前字位置的音节音量比大于后字位置的音节音量比。关于双字组音量比的这一分析结果与双字组时长比的分析结果一致。双字组中后字时长比整体大于前字时长比,但是在动宾结构中前字时长比大于后字时长比。

本书又将双字组前字位置不同语法结构的音节音量比和双字组后字位置不同语法结构的音节音量比放在一起进行比较分析。不同位置上不同语法结构的双字组音节音量比分布图如图4-31所示。

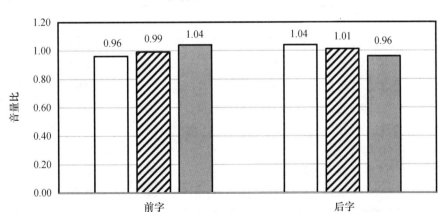

图 4-31　不同位置上不同语法结构的双字组音节音量比分布图

由图 4-31 可以发现,在双字组前字位置上,偏正结构和并列结构的音节音量比都小于平均值,只有动宾结构的音量比大于平均值,为 1.04。在双字组后字位置上,偏正结构和并列结构的音节音量比都大于平均值,为 1.01 和 1.04,只有动宾结构的音量比小于平均值,为 0.96。

为了进一步考察位置类型对双字组前、后字音量比的影响,以语法结构为自变量,以双字组前字的音量比为因变量做单因素方差分析。结果显示,不同语法结构的双字组的前字音量比之间具有显著性差异,$df = 2$,$F = 4.271$,$p < 0.05$。为了弄清哪种语法结构的双字组前字音量比之间有差异,我们又做了事后检验,结果显示,并列结构和偏正结构的双字组前字音量比之间,以及偏正结构和动宾结构的双字组前字音量比之间差异不显著,只有并列结构和动宾结构的双字组前字音量比之间差异显著。不同语法结构的双字组前字音量比由大到小排序为:动宾结构 > 偏正结构 > 并列结构。

此外,以语法结构为自变量、双字组后字音量比为因变量的单因素方差分析结果显示,不同语法结构的双字组的后字音量比之间也具有显著性差异,$df = 2$,$F = 4.271$,$p < 0.05$。为了弄清哪种语法结构的双字组后字音量比之间有差异,我们又做了事后检验,结果显示,并列结构和偏正结构的双字组后字音量比之间,以及偏正结构和动宾结构的双字组后字音量比之间差异不显著,只有并列结构和动宾结构的双字组后字音量比之间差异显著。不同语法结构的双字组后字音量比大小由大到小排序为:并列结构 > 偏正结构 > 动宾结构。

本书针对不同性别发音人在双字组中前、后位置音节音量比进行了单独统计,结果见表 4-12。

表 4-12 不同性别发音人在双字组中前、后位置音节音量比

性别	前字		后字	
	平均值	标准差	平均值	标准差
男性	1.00	0.24	1.00	0.24
女性	0.97	0.23	1.03	0.23

从表 4-12 中可以发现,在双字组中,男性发音人的音节音量比在前、后不同位置上几乎相等,音量比均为 1,没有明显的前、后音强的差异。但是,女性发音人在双字组前、后不同位置的音节音量比上则明显不同。女性发音人的后字位置上的音节音量比要明显大于前字位置的音节音量比,差值为 0.06。

为了进一步考察性别类型对双字组前字音节音量比的影响,以性别类型为自变量,以双字组中前字位置的音节音量比为因变量进行独立样本 T 检验。结果显示,在双字组前字位置上,男性发音人的音节音量比($M = 1.00$,$SD = 0.24$)与女性发音人的音节音量比($M = 0.97$,$SD = 0.23$)之间没有显著差异,$t(796) = 1.605$,$p > 0.05$。

为了进一步考察性别类型对双字组后字音节音量比的影响,以性别类型为自变量,以双字组中后字位置的音节音量比为因变量进行独立样本 T 检验。结果显示,在双字

组后字位置上,男性发音人的音节音量比($M=1.00,SD=0.24$)与女性发音人的音量比($M=1.03,SD=0.23$)之间没有显著差异,$t(796)=-1.605,p>0.05$。

从上面的分析可以发现,男性发音人在双字组前字位置的音量比大于女性发音人前字位置的音量比;女性发音人在双字组后字位置上的音量比大于男性发音人后字位置上的音量比,并且这种差值相等。这一结果与双字组男、女不同性别发音人在双字组前、后不同位置上的音节时长比之间的关系一致。在双字组中,男性发音人在前字位置的音节时长比大于女性发音人,女性发音人在后字位置上的音节时长比大于男性发音人,并且这种差值相等。

4.3.3 小结

本节主要考察普通话双字组的幅度积和音量比。在普通话双字组中,音节平均幅度积为345。其中,后字幅度积要大于前字幅度积,相差11。与单字音幅度积相比,双字组的音节平均幅度积比单字音幅度积小17,约占双字组平均幅度积的5%。此外,女性发音人的普通话双字组音节幅度积为409,男性发音人的普通话双字组音节幅度积为286,女性发音人的平均幅度积大于男性发音人的平均幅度积,差值为123,占男性发音人平均幅度积的43%。男性发音人的前字幅度积大于后字幅度积,差值为8;女性发音人的后字幅度积大于前字幅度积,差值为29。

此外,本节主要从位置类型、语法结构、性别类型三方面考察了双字组前、后音节的音量比。

从位置类型来看,普通话双字组中后字音量比为1.01,前字音量比为0.99,后字音量比大于前字音量比。其中,四个声调在双字组中音量比由大到小的排列顺序为:阴平>去声>阳平>上声。但是进一步分析发现,在双字组不同位置上,四个声调的音量比排序又有差异。在双字组前字位置上,四个声调音量比由大到小的排列顺序为:阴平>去声>阳平>上声。但是,双字组后字位置上,四个声调音量比由大到小的排列顺序为:阴平>阳平>去声>上声。尽管排序不同,但是在双字组中都是阴平音量比最大,上声音量比最小。这与单字音中相对幅度积的分析结果一致。

从语法类型来看,本书发现并列和偏正结构的普通话双字组后字音节音量比大于前字音节音量比,但是动宾结构的普通话双字组前字音节音量比大于后字音节音量比。进一步分析发现,男性发音人的动宾结构普通话双字组前字音节音量比大于后字音节音量比;女性发音人的动宾结构普通话双字组前字音节音量比与后字音节音量比差别不大。同时,语法类型对普通话双字组前字和后字音节音量比具有显著影响,主要体现在动宾结构音节音量比与并列结构音节音量比之间。在普通话双字组前字位置,并列结构音节音量比最小,动宾结构音节音量比最大;在普通话双字组后字位置,并列结构音节音量比最大,动宾结构音节音量比最小。

从性别类型来看,男性发音人普通话双字组前、后字音节音量比基本相等;女性发音人普通话双字组后字音节音量比大于前字音节音量比。此外,男性发音人在普通话双字组中的前字音节音量比大于女性发音人的前字音节音量比;女性发音人在普通话双字组中的后字音节音量比大于男性发音人的后字音节音量比。

第5章 "得"字句句法解歧韵律分析

在"得"字句中,做补语成分的可以有很多类,其中有一类比较特殊的补语,就是主谓结构做补语。以往对这类"得"字句研究的关注点主要放在当主谓结构做补语时,主谓结构的句法成分归属问题。归属不同,则语义不同。因为"这 NP VP 得 C"结构中,主谓补语"C"中的 N 和 V 之间意义上的联系是相当松的(朱德熙,1982)①。对 V 来说,N 可以是施事("走得我累死了"含义为"我走,我累死了"),也可以是受事("打得孩子直哭"含义为"打孩子,孩子哭")。所以,在"这 NP VP 得 C"结构中,因为 N 与 V 的句法关系(施事 VS 受事)可以产生不同的句义,形成歧义。

在日常交流中,说话人可以通过语音手段表达确定的话语中心,在不同情境中,达到表达特定语义的目的(张妍,2014)②。所以,本书以"这 NP VP 得 C"歧义结构作为考察对象,通过声学实验和数据统计分析,探讨确定语义的情境下该类歧义结构各成分的韵律特征,考察区分不同句义的韵律特征作用机制是什么。本书从语音和句法相互作用的关系出发,利用韵律和句法的接口,研究汉语解除歧义的语音韵律实现。对"这 NP VP 得 C"歧义结构的详细描写和韵律特征分析,有利于自然语言的计算机处理,提升语音识别的准确度。同时,在对外汉语教学中,有利于帮助学生加深对语音与语义和句法关系的理解。

第1节 实 验 材 料

因为"这 NP VP 得 C"中"C"部分的名词 V 可以是动词 V 的施事,也可以是受事,据此分别设计如下两个情境。

问:现在什么状况?
情境1:我偷吃了孩子的苹果,被孩子发现,孩子一直追我,孩子很疲惫。
回答:这孩子追得我很疲惫。("我"是"追"的受事)
情境2:孩子偷吃了苹果,落荒而逃,我一直追孩子,我很疲惫。
回答:这孩子追得我很疲惫。("我"是"追"的施事)

第2节 实 验 结 果

为尽量降低发音人的性别、年龄等因素对实验数据的影响,本书对采集的原始数据

---

① 朱德熙.语法讲义[M].北京:商务印书馆,1982.
② 张妍.从交际语境角度解读欧·亨利代表作之《麦琪的礼物》[J].短篇小说(原创版),2014(8):49-50.

进行相关处理,采用起伏度、时长比和音量比等数据代替采集数据的绝对值比较,分析数据并提取共性声学特征,以发音合作人的声学参数平均值呈现研究结果。

5.2.1 音高数据分析

本书通过起伏度对音高数据进行分析。把不同情境中每个字测量得到的音高声学数据赫兹值转化为归一化之后的起伏度值,再取平均值作图。并据此对"这 NP VP 得 C"歧义结构在不同情境下各成分表现出来的音高特征做进一步分析。"这 NP VP 得 C"歧义结构各字起伏度平均值图如图 5-1 所示。

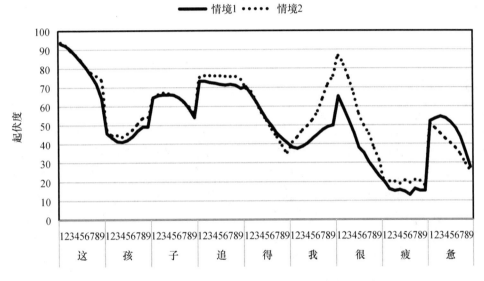

图 5-1　"这 NP VP 得 C"歧义结构各字起伏度平均值图

由图 5-1 可知,不同情境下歧义结构表达不同语义时音高起伏度表现不同。在情境 1 中,句首词 NP 中的"这"的最大起伏度为 93.13,为全句最大起伏度。句末词 C 中的"疲"的最小起伏度为 13,为全句最小起伏度。句首词 NP"这孩子"的起伏度最小为 41,句中词 VP"追得"起伏度最小值为 40.5,句末词 C"我很疲惫"的起伏度最小值为 13。句首词和句中词起伏度最小值差别不大,但是在句末词处起伏度最小,整体呈现起伏度由句首到句末下降的趋势。在情境 2 中,句首词 NP 中的"这"的最大起伏度为 93.75,为全句最大起伏度。句末词 C 中的"疲"的最小起伏度为 18.25,为全句最小起伏度。句首词 NP"这孩子"的起伏度最小为 43.75,句中词 VP"追得"起伏度最小值为 35.38,句末词 C"我很疲惫"的起伏度最小值为 18.25。句中词起伏度最小值比句首词下降 8.37,句末词起伏度最小,比句中词最小值又下降 17.13,整体呈现起伏度最小值下降的趋势。

在情境 1 中,"我偷吃了孩子的苹果,被孩子发现,孩子一直追我,孩子很疲惫","这孩子"做主语,"我"是"追"的受事。"疲惫"的"惫"表达主语的状态,成为话语中心。情境 1 中"惫"的起伏度最大值比情境 2 中"惫"的起伏度最大值高出 11.25。此外,在情境 2 中,"孩子偷吃了苹果,落荒而逃,我一直追孩子,我很疲惫","我"是"追"的施事。"我"作为句末 C 主谓结构的主语,成为话语中心。因此,在句末主谓短语 C 中的"我"的起伏度达到 76,明显高于情境 1 中"我"的起伏度 49.88。同时,"我"后面的"很"起伏度也受到"我"的影响,起伏度最大值为 86.63,明显高于情境 1 中"很"的起伏度最大值 65.25。

从以上数据可知,在"这 NP VP 得 C"歧义结构中,当语境不同时,发音人为了区分不同的句义,补语"C"部分的名词/代词则出现不同的归属,从而使得句子话语中心部分的起伏度比另外情境中的起伏度要高,非话语中心部分起伏度则与另外情境相似。此外,同一情境中,句子内部非话语中心部分的音高起伏度相对较低。例如,在情境 2 中,"我很疲惫"的"我"作为话语中心,其前后部分各字的起伏度值都要低于话语中心部分"我"的起伏度值。

有研究显示,自然焦点陈述句的音高呈现有规律渐变下倾(石锋,阎锦婷,2021)①。但是,在具体情境中,当说话人表达确定的语义时,可以通过改变音高,如抬高语义凸显部分(话语中心)的音高的方式,达到表达不同语义的目的。在对话中,说话人要完成传递新信息的目的需要在句中将新信息作为话语中心,也就是说话人讲这句话的主要目的,自然在语调上成为全句的中心,故起伏度成为全句最高。在"这 NV 的"构式研究中指出"这"具有强指示性,属于强指示词。在对话中承接对方刚刚发出的信息,具有当下性(唐雪凝,张金圈,2011)②。"调域负担量"的研究表明,去声和阴平主要负担其所在词调域的上限(石林,温宝莹,2012)③。所以"这"除了表示强提示性之外,其本身是去声,负担其所在词调域的上限,使得其音高起伏度最大。同时,"调域负担量"的研究还表明,阳平位于调域的内部,对于调域的负担功能较差。因此,在"这 NP VP 得 C"歧义结构情境 1 中,"孩"的音高起伏度低于"这"。

5.2.2 音长数据分析

延长音节时长是实现语义凸显的重要手段之一(高明明,1993)④。也就是说,说话者通常会通过放慢语速的方法增强听者对句子的理解。尤其是当说话者注意到听者对句子可能产生不同理解的时候,说话者会在产生歧义的音节部分用更长的发音时间。这样可以给听者相对更充足的时间进行听觉加工和句义理解,从而达到准确理解句义,消除歧义的目的。"这 NP VP 得 C"歧义结构各字时长比平均值图如图 5-2 所示。

由图 5-2 可知,在情境 1 中,"我偷吃了孩子的苹果,被孩子发现,孩子一直追我,孩子很疲惫","这孩子"做主语,"我"是"追"的受事。"这孩子"作为全句的主语,也是话语中心。为了突出话语中心,在情境 1"这""孩""子"三个音节的时长比中,"孩"的时长比成为全句最大,为 1.27,其余两个字的时长比均小于 1,未发生音节延长。"追"在句中做全句谓语动词,时长略有延长,其时长比为 1.01。"得"在句中作为轻声助词,

---

① 石锋,阎锦婷.试解普通话语调原理[J].南开语言学刊,2021(2):39-51.
② 唐雪凝,张金圈.表感叹性评价的"这 NV 的"构式分析[J].语言科学,2011,10(2):182-189.
③ 石林,温宝莹."洋腔洋调"初探——美国学生汉语语调习得[J].南开语言学刊,2012(1):42-49,185-186.
④ 高明明.普通话语句中强调重音韵律特征的实验研究[D].北京:北京大学,1993.

第5章 "得"字句句法解歧韵律分析

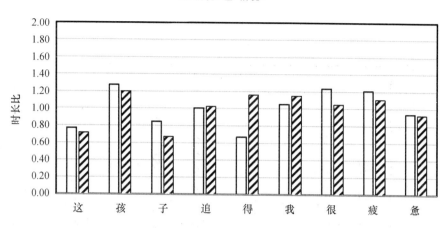

图5-2 "这 NP VP 得 C"歧义结构各字时长比平均值图

其功能是连接表示程度或结果的补语(吕叔湘,1999)①。"得"在全句中的时长比最小,为0.67。主谓短语做补语的C中,"我很疲惫"中"我"的时长略有延长,其时长比为1.05。"很"的时长比为全句第二,为1.24,"疲"的时长比第三,为1.21。"惫"的时长并未发生延长,其时长比为0.94。

在情境2中,"孩子偷吃了苹果,落荒而逃,我一直追孩子,我很疲惫","我"是"追"的施事。"我"成为"这 NP VP 得 C"歧义结构中主谓短语补语"C"的主语。在情境2"这""孩""子"三个音节的时长比中,"孩"的时长比成为全句最大,为1.20,其余两个字的时长比均小于1,未发生时长延长。"追"在句中做全句谓语动词,时长略有延长,其时长比为1.02。在情境2中,"得"在句中虽然作为轻声助词,但是"得"在全句中的时长发生延长,时长比为1.16。主谓短语"我很疲惫"做补语C中"我"的时长发生延长,其时长比为1.15。"很"的时长略有延长,时长比为1.05。"疲"的时长也发生延长,时长比为1.11。"惫"的时长并未发生延长,其时长比为0.92。

对比情境1和情境2中各字的时长比可以发现。在情境1中,句首词NP的"这孩子"作为全句主语、动作"追"的施事者,其时长比均大于情境2中的句首词"这孩子"。句中"VP"中的动词"追"在情境1和情境2中的时长比差别不大。"得"作为轻声助词在情境1中的时长比全句最小,但是在情境2中却发生了时长的延长,时长比达到1.16,成为情境2全句中时长比第二的字。在情境1中,描述主语状态的补语C里面的"很""疲""惫"的时长比均大于情境2。同时,在情境1中做动词"追"的受试的"我"的时长比小于情境2中做动词"追"的施事时的时长比值。

5.2.3 音强数据结果

本书为了考察句中能量分布大小,采用能直接反映音节之间的能量对比的音量比

---

① 吕叔湘.现代汉语八百词[M].北京:商务印书馆,1999:163-165

分析,音量比没有单位。"这 NP VP 得 C"歧义结构各音节音量比平均值图如图 5-3 所示。

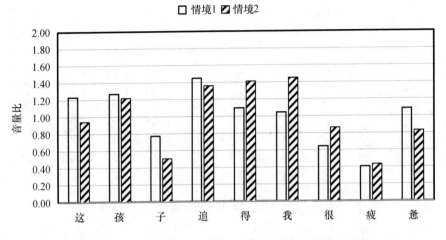

图 5-3 "这 NP VP 得 C"歧义结构各音节音量比平均值图

由图 5-3 可知,在情境 1 中,"我偷吃了孩子的苹果,被孩子发现,孩子一直追我,孩子很疲惫","这孩子"做主语,"我"是"追"的受事。"这孩子"作为全句的主语,也是话语中心。句首词"这孩子"三个字中,"这"和"孩"两个字的音强均有增幅,音量比分别为 1.23 和 1.27,"子"的音强没有出现增幅,音量比为 0.77。谓语动词"追"的音强出现较强的增幅,音量比为 1.45。"得"作为轻声助词音强也出现增幅,音量比为 1.10。句末主谓短语"我很疲惫"做补语,"我"和"惫"的音强出现增幅,音量比分别为 1.05 和 1.09。"很"和"疲"的音强未出现增幅,音量比分别为 0.64 和 0.40。

在情境 2 中,"孩子偷吃了苹果,落荒而逃,我一直追孩子,我很疲惫","我"是"追"的施事。情境 2 的句首词"这孩子"中只有"孩"的音强出现增幅,音量比为 1.22。另外两个字"这"和"子"的音量比分别为 0.94 和 0.50。句中的动词"追"的音强出现增幅,音量比为 1.36。轻声助词"得"的音强也出现增幅,音量比为 1.41。"我很疲惫"中的"我"成为"这 NP VP 得 C"中主谓短语补语"C"的主语。"我"的音强出现较大增幅,音量比为 1.45,全句最大。另外,"很""疲""惫"三个字的音强均未出现增幅,音量比均小于 1,分别为 0.86、0.43 和 0.83。

对比情境 1 和情境 2 中的各字音量比可以发现,情境 1 中句首词"这孩子"作为全句的主语,"这""孩""子"三个字的音量比分别大于情境 2 中这三个字的音量比。在情境 1 中,作为主语"这孩子"的谓语动词"追"的音强出现显著增幅,并且高于情境 2 中"追"的音强。情境 1 中的轻声助词"得"小于情境 2 中"得"的音量比。情境 1 中"我"的音量比显著小于情境 2 中"我"的音量比。此外,情境 1 中"很"和"疲"的音量比也要小于情境 2 中"很"和"疲"的音量比。情境 1 中"惫"的音强出现增幅,音量比大于 1,也大于情境 2 中"惫"的音量比。

第3节 结果讨论

首先,从音高角度来看,"这"作为指示代词,具有指示的基本功能,这种基本功能在构式结构中基本都会有所体现。唐雪凝、张金圈(2011)[①]指出,"这"是强指示词,具有强指示性,也就是直接指示,可以与会话对方刚发出的信息对接,以便于保持话题的连续性,着重表现当下性。邓巨和秦中书(2007)[②]在论述"这N"构式时指出,"这"在"这N"构式中拥有指示的原始功能。在"这NP VP 得C"歧义结构中,"这"原始指示"孩子",再加之"这"自身的声调是去声,所以"这"的起伏度最高,超过了情境2中作为"追"的施事主语的"我"的音高起伏度。但是,说话人表达"这NP VP 得C"歧义结构中由兼语成分导致的歧义时,从音高起伏度方面做出了区分。也就是,当"我"成为动词"追"的施事时,抬高"我"的音高起伏度。当"我"做动词"追"的受试时,保持全句从前到后的音高下倾趋势,不抬高"我"的音高起伏度。

其次,从音长角度来看,说话人表达"这NP VP 得C"歧义结构中不同句义时,从时长方面也做出了区分。首先表现在轻声助词"得"的时长比方面。在情境1中,"得"后的成分"我"是动词"追"的受试,不需要格外凸显。所以,在情境1中"得"的时长未发生延长,时长比为0.67。但是,在情境2中,"得"后成分"我"是动词"追"的施事,需要凸显,成为主语。所以说话者为了帮助听者理解句义,突出话语中心,对"得"的时长做了延长处理,时长比成为1.16。在"这NP VP 得C"歧义结构中,通过"得"字时长延长,可以从一定程度上帮助听者区分"我"与"得"的紧密程度,从而判断"我"的归属,也就是"我"是"追"的施事还是受试,进而获得对句义的准确理解。

最后,从音强角度来看,说话人表达"这NP VP 得C"歧义结构中不同句义时,从音强方面也做出了区分。情境1中作为全句主语的"这孩子"三个字的音量比均大于情境2中这三个字的音量比。说明说话人在表达情境1"孩子追我,孩子疲惫"的句义时,在"追"这个动作的施事者"这孩子"上采用增强音强的方式表达特定的语义。另外,说话人在表达情境2"我追孩子,我疲惫"的句义时,在"追"这个动作的施事者"我"上也采用了增强音强的方式表达这一特定的语义。

本书通过在不同情境下,对"这NP VP 得C"歧义结构中各部分的声学数据(起伏度、时长比和音量比)进行对比分析,发现说话人在表达"这NP VP 得C"歧义结构的不同句义时语音上有明确的区别。突出表现在说话人利用不同的韵律特征表达动词V的不同施事。例如,在情境1中将施事"这NP"的音高抬高,音长延长,音强增强;在情境2中将主谓短语做补语C中施事主语的音高抬高,音长延长,音强增强。这表明,说话人在不同情境下表达"这NP VP 得C"结构的时候,已经意识到该歧义结构中的歧义成分,并能够在不同情境下通过运用不同的语音韵律形式,把想表达的不同句义利用语音韵律特征区分出来。

[①] 唐雪凝,张金圈.表感叹性评价的"这NV的"构式分析[J].语言科学,2011,10(2):182-189.
[②] 邓巨,秦中书."这N"语法构式、意义及其推导[J].重庆科技学院学报(社会科学版),2007(1):82-83.

第6章 "也"字句句法解歧韵律分析

一直以来,有较多学者关注现代汉语"也"字歧义结构,并从多个角度对其进行研究。从句法理论的角度对"也"字句歧义结构进行分析的学者认为,歧义首先表现在结构上。区分"也"字句歧义结构首先从前指和后指两个方面区分话语中心的不同句法过程(满在江,2005)①。此外,也有学者从语义、语用角度对"也"字歧义结构进行分析,认为"也"具有类同追加性(杨亦鸣,2000)②,"也"字句歧义主要表现为语用上的歧义,因此可以使用语音手段消除歧义。

本书以"也"字句歧义结构作为考察对象,通过声学实验和数据统计分析,结合句子的语义特征,探讨句子的韵律特征,同时分析句子的韵律与表达的语义间的共变关系。

第1节 实验材料

因为"也"具有类同追加性,所以本书共设计了两个实验句,分别是"王老师也教英语"和"王老师也是学生",并根据"也"的类同追加性设计不同情境。

当"王老师也教英语"单独出现时,"也"的类同追加语义可以分别指向"王老师""教"和"英语",并使其成为话语中心,据此分别设计如下三个情境。

情境1:学校很多老师教英语,除了李老师,还有王老师。
回答:李老师教英语,王老师也教英语。
情境2:王老师英语专业出身,他不仅自己不断学习,还教英语。
回答:王老师不仅学英语,王老师也教英语。
情境3:王老师会多门语言,不仅会日语,英语也很好。
回答:王老师不仅教日语,王老师也教英语。

当"王老师也是学生"单独出现时,"也"的类同追加语义可以分别指向"王老师""是"和"学生",并使其成为话语中心,据此分别设计如下三个情境。

情境1:李老师和王老师都在进修,既是老师,也是学生。
回答:李老师是学生,王老师也是学生。
情境2:王老师不仅在单位教学生,还在进修学校当学生。
回答:王老师不仅教学生,王老师也是学生。
情境3:王老师在家是温暖的父亲,在进修的学校是上进的学生。
回答:王老师不仅是父亲,王老师也是学生。

---

① 满在江.现代汉语"也"字歧义句的句法研究[J].外语研究,2005(6):41-44.
② 杨亦鸣.试论"也"字句的歧义[J].中国语文,2000(2):114-125,189-190.

第 2 节 实 验 结 果

为尽量降低发音人的性别、年龄等因素对实验数据的影响,本书对采集的原始数据进行相关处理,采用起伏度、时长比和音量比等数据代替采集数据的绝对值比较,分析数据并提取共性声学特征,以发音合作人的声学参数平均值呈现研究结果。

6.2.1 "王老师也教英语"数据结果分析

首先,本书将三种情境下发音人的音高语音数据统计分析后以图形形式呈现研究结果,从而得到"王老师也教英语"起伏度平均值图(图 6-1)。

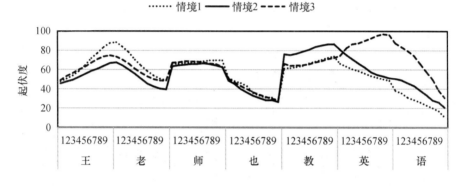

图 6-1 不同情境下"王老师也教英语"歧义句各字起伏度平均值图

由于在情境 1 中"学校很多老师教英语,除了李老师,还有王老师",那么在"王老师也教英语"中,"也"的类同追加语义指向"王老师"。也就是在情境 1 中,在教英语的很多老师中,追加一个同类的"王老师"。"王老师"成为情境 1 中"王老师也教英语"这句话要表达的主要内容,也是新信息,成为这句话的话语中心。由图 6-1 可知,在情境 1 中,句首词"王老师"的"王"和"老"两个字的音高抬高,拥有全句最高的起伏度。后面的副词"也",以及动词短语"教英语"的最大音高起伏度均小于句首词"王老师"。

由于在情境 2 中"王老师英语专业出身,他不仅自己不断学习,还教英语",那么在"王老师也教英语"中,"也"的类同追加语义指向"教"。也就是情境 2 中,在王老师做的很多行为当中,追加一个同类的"教"的行为。"教"成为情境 2 中"王老师也教英语"这句话要表达的主要内容,也是新信息,成为这句话的话语中心。由图 6-1 可知,在情境 2 中,句中谓语动词"教"的音高抬高,拥有全句最高的起伏度。无论是前面的句首主语"王老师",还是副词"也",动词短语中的宾语"英语"的起伏度均小于作为新信息的谓语动词"教"。

由于在情境 3 中"王老师会多门语言,不仅会日语,英语也很好",那么在"王老师也教英语"中,"也"的类同追加语义指向"英语"。也就是情境 3 中,在王老师教的内容中,追加了一个同类的"英语"。"英语"成为情境 3 中"王老师也教英语"这句话要表达的主要内容,也是新信息,成为这句话的话语中心。"王老师"和"教"成为已知信息。

由图6-1可知,在情境3中,句末动词短语中的宾语"英语"的音高抬高,拥有全句最高的起伏度。句首主语"王老师"、副词"也",以及谓语"教"的起伏度均小于新信息句末动词宾语"英语"。

对比情境1、情境2和情境3中各字的起伏度可以发现,情境1中的新信息"王老师"中的"王"和"老"两个字的起伏度明显高于情境2和情境3中这两个字的起伏度值。情境2中的新信息"教"的起伏度明显高于情境1和情境3中这个字的起伏度值。情境3中的新信息"英语"的起伏度明显高于情境1和情境2中这个词的起伏度值。

然后,本书将三种情境下发音人的音长语音数据统计分析后以图形形式呈现研究结果,从而得到"王老师也教英语"时长比平均值图(图6-2)。

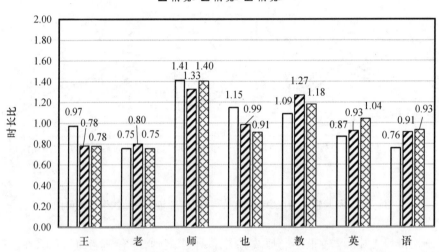

图6-2 不同情境下"王老师也教英语"歧义句各字时长比平均值图

由于在情境1中"学校很多老师教英语,除了李老师,还有王老师",那么在"王老师也教英语"中,"也"的类同追加语义指向"王老师"。也就是在情境1中,在教英语的很多老师中,追加一个同类的"王老师"。"王老师"成为情境1中"王老师也教英语"这句话要表达的主要内容,也是新信息,成为这句话的话语中心。由图6-2可知,作为新信息和话语中心的"王老师"中的"师"拥有全句最大时长比1.41。副词"也"和动词短语"教英语"中的"教"虽然时长比也超过1,音长出现延长,但是"也"和"教"的时长比均小于"师"。

由于在情境2中"王老师英语专业出身,他不仅自己不断学习,还教英语",那么在"王老师也教英语"中,"也"的类同追加语义指向"教"。也就是在情境2中,在王老师做的很多行为当中,追加一个同类的"教"的行为。"教"成为情境2中"王老师也教英语"这句话要表达的主要内容,也是新信息,成为这句话的话语中心。由图6-2可知,在情境2中,作为新信息和话语中心的动词"教"的时长发生延长,时长比为1.27。全句除了句首词末字"师"时长发生延长,音量比为1.33,以及"教"时长发生延长,时长比为

1.27 外,其他各字音长均未发生延长,时长比均小于1。

由于在情境 3 中"王老师会多门语言,不仅会日语,英语也很好",那么在"王老师也教英语"中,"也"的类同追加语义指向"英语"。也就是在情境 3 中,在王老师教的内容中,追加了一个同类的"英语"。"英语"成为情境 3 中"王老师也教英语"这句话要表达的主要内容,也是新信息,成为这句话的话语中心。"王老师"和"教"成为已知信息。由图 6-2 可知,在情境 3 中,句首词"王老师"中的"师"、动词"教"及新信息"英语"中的"英"时长均发生延长。其中新信息"英"的时长比为 1.04,比情境 1 中该字的时长比值大 0.17,比情境 2 中该字的时长比值大 0.11。

对比情境 1、情境 2 和情境 3 中各字的时长比可以发现,情境 1 中新信息"王老师"中的"王"和"师"两个字的时长比均大于情境 2 和情境 3 中这两个字的时长比。情境 2 中的新信息"教"这个字的时长比 1.27 均大于情境 1 中的"教"的时长比 1.09 和情境 3 中的"教"的时长比 1.18。情境 3 中新信息"英语"两个字的时长比 1.04 和 0.93 也分别大于情境 1 和情境 2 中这两个字的时长比。

最后,本书将三种情境下发音人的音强语音数据统计分析后以图形形式呈现研究结果,从而得到"王老师也教英语"音量比平均值图(图 6-3)。

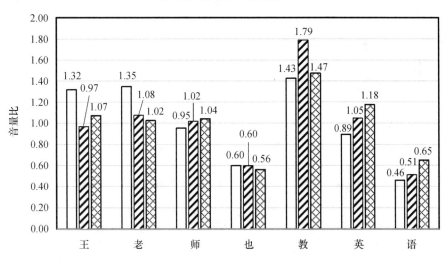

图 6-3　不同情境下"王老师也教英语"歧义句各字音量比平均值图

由于在情境 1 中"学校很多老师教英语,除了李老师,还有王老师",那么在"王老师也教英语"中,"也"的类同追加语义指向"王老师"。也就是在情境 1 中,在教英语的很多老师中,追加一个同类的"王老师"。"王老师"成为情境 1 中"王老师也教英语"这句话要表达的主要内容,也是新信息,成为这句话的话语中心。由图 6-3 可知,作为新信息和话语中心的"王老师"中的"王"和"老"音强均出现增幅,音量比分别为 1.32 和 1.35。除了动词"教"的音强出现增幅之外,副词"也"和动词短语"教英语"中各字的音量比均小于 1。

由于在情境2中"王老师英语专业出身,他不仅自己不断学习,还教英语",那么在"王老师也教英语"中,"也"的类同追加语义指向"教"。也就是在情境2中,在王老师做的很多行为当中,追加一个同类的"教"的行为。"教"成为情境2中"王老师也教英语"这句话要表达的主要内容,也是新信息,成为这句话的话语中心。由图6-3可知,在情境2中,作为新信息和话语中心的动词"教"音强出现增幅,音量比为1.79,拥有全句最大音量比。

由于在情境3中"王老师会多门语言,不仅会日语,英语也很好",那么在"王老师也教英语"中,"也"的类同追加语义指向"英语"。也就是在情境3中,在王老师教的内容中,追加了一个同类的"英语"。"英语"成为情境3中"王老师也教英语"这句话要表达的主要内容,也是新信息,成为这句话的话语中心。"王老师"和"教"成为已知信息。由图6-3可知,在情境3中,句首词"王老师"中的三个字、动词"教"及新信息"英语"中的"英"音强均出现增幅。其中新信息"英"的音量比为1.18。

对比情境1、情境2和情境3中各字的音量比可以发现,情境1中新信息"王老师"中的"王"和"老"两个字的音量比均大于情境2和情境3中这两个字的音量比。情境2中的新信息"教"这个字的音量比1.79均大于情境1中的1.43和情境3中的1.47。情境3中的新信息"英语"两个字的音量比1.18和0.65也分别大于情境1和情境2中这两个字的音量比。

6.2.2 "王老师也是学生"数据分析结果

首先,本书将三种情境下发音人的音高语音数据统计分析后以图形形式呈现研究结果,从而得到"王老师也是学生"起伏度平均值图(图6-4)。

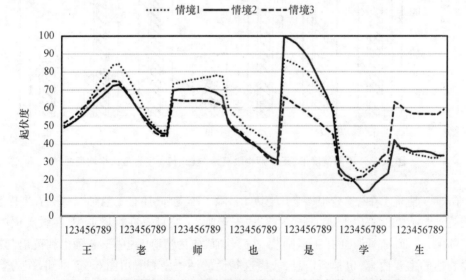

图6-4 不同情境下"王老师也是学生"歧义句各字起伏度平均值图

由于在情境1中"李老师和王老师都在进修,既是老师,也是学生",那么在"王老师也是学生"中,"也"的类同追加语义指向"王老师"。也就是在情境1中,在做学生的很多老师当中,追加一个同类的"王老师"。"王老师"成为情境1中"王老师也是学生"这句话要表达的主要内容,也是新信息,成为这句话的话语中心。由图6-4可知,在情境1中,句首词"王老师"的"王""老""师"三个字的音高抬高。同时,由于谓语动词"是"为去声,其起始的音高也被抬高,拥有全句最高的起伏度。后面的副词"也",以及动词宾语"学生"的最大音高起伏度均小于句首词"王老师"和谓语动词"是"。

由于在情境2中"王老师不仅在单位教学生,还在进修学校当学生",那么在"王老师也是学生"中,"也"的类同追加语义指向"是"。也就是在情境2中,在王老师做的很多行为中,追加一个同类的"是"的行为。"是"成为情境2中"王老师也是学生"这句话要表达的主要内容,也是新信息,成为这句话的话语中心。由图6-4可知,在情境2中,句中谓语动词"是"的音高抬高,拥有全句最高的起伏度。无论是前面的句首主语"王老师",还是副词"也"、动词短语中的宾语"学生"的起伏度均小于作为新信息的谓语动词"是"。

由于在情境3中"王老师在家是温暖的父亲,在进修的学校是上进的学生",那么在"王老师也是学生"中,"也"的类同追加语义指向"学生"。也就是在情境3中,在王老师的不同身份中,追加了一个同类的"学生"。"学生"成为情境3中"王老师也是学生"这句话要表达的主要内容,也是新信息,成为这句话的话语中心。"王老师"和"是"成为已知信息。由图6-4可知,在情境3中,句末动词短语中的宾语"学生"的音高抬高,尤其是"生"的音高,最高达到63.16。除了句首词"王老师"中的"王"和谓语动词"是"之外,副词"也"和其他字的起伏度均小于新信息句末动词宾语"学生"中的"生"。

对比情境1、情境2和情境3中各字的起伏度可以发现,情境1中的新信息"王老师"中的"王""老""师"三个字的起伏度明显高于情境2和情境3中这三个字的起伏度值。情境2中的新信息"是"的起伏度明显高于情境1和情境3中这个字的起伏度值。情境3中的新信息"学生"的起伏度明显高于情境1和情境2中这个词的起伏度值。

然后,本书将三种情境下发音人的音长语音数据统计分析后以图形形式呈现研究结果,从而得到"王老师也是学生"时长比平均值图(图6-5)。

由于在情境1中"李老师和王老师都在进修,既是老师,也是学生",那么在"王老师也是学生"中,"也"的类同追加语义指向"王老师"。也就是在情境1中,在做学生的很多老师当中,追加一个同类的"王老师"。"王老师"成为情境1中"王老师也是学生"这句话要表达的主要内容,也是新信息,成为这句话的话语中心。由图6-5可知,作为新信息和话语中心的"王老师"中的"师"音长延长,拥有全句最大时长比1.36。副词"也"和动词短语"是学生"中各字的时长比均小于"师"。

由于在情境2中"王老师不仅在单位教学生,还在进修学校当学生",那么在"王老师也是学生"中,"也"的类同追加语义指向"是"。也就是在情境2中,在王老师做的很多行为中,追加一个同类的"是"的行为。"是"成为情境2中"王老师也是学生"这句话要表达的主要内容,也是新信息,成为这句话的话语中心。由图6-5可知,在情境2中,句中谓语动词"是"的时长发生延长,其时长比为1.27。除了句首主语"王老师"中的"师"时长比1.30略大于"是"之外,副词"也"、动词短语中的宾语"学生"的时长比均

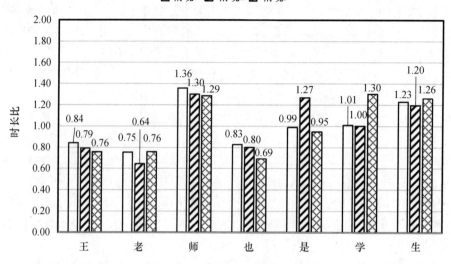

图6-5 不同情境下"王老师也是学生"歧义句各字时长比平均值图

小于新信息谓语动词"是"。

由于在情境3中"王老师在家是温暖的父亲,在进修的学校是上进的学生",那么在"王老师也是学生"中,"也"的类同追加语义指向"学生"。也就是在情境3中,在王老师的不同身份中,追加了一个同类的"学生"。"学生"成为情境3中"王老师也是学生"这句话要表达的主要内容,也是新信息,成为这句话的话语中心。"王老师"和"是"成为已知信息。由图6-5可知,在情境3中,句末动词短语中的宾语"学生"两个字的时长均发生延长,时长比分别为1.30和1.26。"学"的时长比值比情境1中该字的时长比值大0.29,比情境2中该字的时长比值大0.3。其中,"学"拥有全句最大时长比。句首词"王老师"、谓语动词"是"及副词"也"的时长比均小于新信息句末动词宾语"学生"。

对比情境1、情境2和情境3中各字的时长比可以发现,情境1中的新信息"王老师"中的"王""师"两个字的时长比明显高于情境2和情境3中这两个字的时长比值。情境2中的新信息"是"的时长比值明显高于情境1和情境3中这个字的时长比值。情境3中的新信息"学生"的时长比值明显高于情境1和情境2中这个词的时长比值。

最后,本书将三种情境下发音人的音强语音数据统计分析后以图形形式呈现研究结果,从而得到"王老师也是学生"音量比平均值图(图6-6)。

由于在情境1中"李老师和王老师都在进修,既是老师,也是学生",那么在"王老师也是学生"中,"也"的类同追加语义指向"王老师"。也就是在情境1中,在做学生的很多老师当中,追加一个同类的"王老师"。"王老师"成为情境1中"王老师也是学生"这句话要表达的主要内容,也是新信息,成为这句话的话语中心。由图6-6可知,作为新信息和话语中心的"王老师"中的"王""老""师"三个字的音强均出现增幅,音量比分别为1.51、1.49和1.28。其中"王"拥有全句最大音量比1.51。副词"也"和动词短语"是学生"中各字音强均未出现增幅,音量比均小于1。

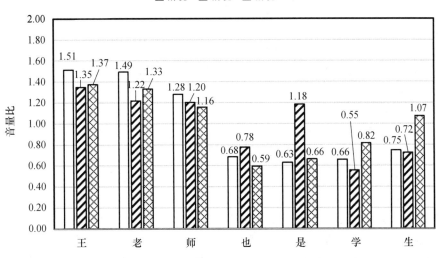

图 6-6　不同情境下"王老师也是学生"歧义句各字音量比平均值图

由于在情境 2 中"王老师不仅在单位教学生,还在进修学校当学生",那么在"王老师也是学生"中,"也"的类同追加语义指向"是"。也就是在情境 2 中,在王老师做的很多行为中,追加一个同类的"是"的行为。"是"成为情境 2 中"王老师也是学生"这句话要表达的主要内容,也是新信息,成为这句话的话语中心。由图 6-6 可知,在情境 2 中,句首词"王老师"的音强出现增幅。谓语动词"是"的音强也出现增幅,其音量比为 1.18。其余各字包括副词"也"和动词短语中的宾语"学生"的音强均未出现增幅,音量比小于 1。

由于在情境 3 中"王老师在家是温暖的父亲,在进修的学校是上进的学生",那么在"王老师也是学生"中,"也"的类同追加语义指向"学生"。也就是在情境 3 中,在王老师的不同身份中,追加了一个同类的"学生"。"学生"成为情境 3 中"王老师也是学生"这句话要表达的主要内容,也是新信息,成为这句话的话语中心。"王老师"和"是"成为已知信息。由图 6-6 可知,在情境 3 中,句末动词短语中的宾语"学生"两个字中"学"的音强未出现增幅,音量比为 0.82。"生"的音强出现增幅,音量比为 1.07。句首词"王老师"中三个字的音强均出现增幅,音量比分别为 1.37、1.33 和 1.16。谓语动词"是"及副词"也"的音强均未出现增幅,音量比分别为 0.66 和 0.59,音量比均小于新信息句末动词宾语"学生"。

对比情境 1、情境 2 和情境 3 中各字的音量比可以发现,情境 1 中的新信息"王老师"中的"王""老""师"三个字的音量比明显高于情境 2 和情境 3 中这三个字的音量比值。情境 2 中的新信息"是"的音量比值明显高于情境 1 和情境 3 中这个字的音量比值。情境 3 中的新信息"学生"的音量比值明显高于情境 1 和情境 2 中这个词的音量比值。

第 3 节 结果讨论

首先,从音高角度来看,在不同情境下,说话人在表达"也"的不同语义指向追加成分时,在从音高起伏度方面做出了区分。也就是当"也"语义前指,指向"王老师"时抬高"王老师"的音高起伏度。当"也"语义后指时,无论是指向谓语动词"教"和"是",还是指向动词宾语"英语"和"学生",其所指向部分各字的音高起伏度均抬高,明显高于其他情境下该字或词的音高起伏度值。这说明说话人在特定情境下,表达"也"的不同语义指向歧义句时,使用了音高韵律特征对"也"的语义指向进行区分。

其次,从音长角度来看,在不同情境下,说话人在表达"也"的不同语义指向追加成分时,在时长方面也做出了区分。也就是当"也"语义前指,指向"王老师"时,这三个字中,中间字时长最短(张妍,彭程飞,周丽娉,2021)①。所以,除了中间字"老"之外,"王"和"师"的时长比均大于情境 1 和情境 2 中该字的时长比值。同时当"也"语义后指时,无论是指向谓语动词"教"和"是",还是指向动词宾语"英语"和"学生",所指向部分各字的时长比值均明显大于其他情境下该字或词的时长比值。这说明说话人在特定情境下,表达"也"的不同语义指向歧义句时,使用了时长韵律特征对"也"的语义指向进行区分。也就是,比其他情境下更加延长"也"的语义指向词。

最后,从音强角度来看,在不同情境下,说话人在表达"也"的不同语义指向追加成分时,从音强方面也做出了区分。也就是当"也"语义前指,指向"王老师"时,在情境 1 中,作为全句主语的"王老师"三个字的音量比整体大于情境 2 和情境 3 中这三个字的音量比("王老师也教英语"中的"师"字略小于情境 2 和情境 3)。当"也"语义后指时,无论是指向谓语动词"教"和"是",还是指向动词宾语"英语"和"学生",其所指向部分各字的音量比值明显大于其他情境下该字或词的音量比值。说明说话人在表达"也"的不同语义指向歧义句时,使用了音强韵律特征对"也"的语义指向进行区分。采用比其他情境下对"也"的语义指向词增强音强的方式表达特定的语义。

此外,当"也"语义后指,指向"是"时。"是"字音高抬高,音长延长,音强增强,说明"是"被重读。当"是"在句中被重读时表示"确实如此"(朱德熙,1982)②。

本书通过在不同情境下,对"也"的不同语义指向歧义句的声学数据(起伏度、时长比和音量比)进行对比分析,发现说话人在表达"也"字句的不同语义指向时语音上有明确的区别。突出表现在说话人利用不同的韵律特征表达"也"的不同语义指向。例如,当"也"语义前指时,将"也"字所指向的词语音高抬高,音长延长,音强增强;当"也"语义后指时,同样将"也"字所指向的词语音高抬高,音长延长,音强增强。这表明,说话人在不同情境下表达"也"的不同语义指向时,已经意识到该歧义结构中的歧义成分,并能够在不同情境下通过运用不同的语音韵律形式,把想表达的不同句义利用语音韵律特征区分出来。

---

① 张妍,彭程飞,周丽娉.普通话三字组声调语音韵律特征分析[J].实验语言学,2021,10(2):91-96.
② 朱德熙.语法讲义[M].北京:商务印书馆,1982.

第7章 "的"字句句法解歧韵律分析

朱德熙(1980)[①]基于结构主义语法理论,从形式描写的角度详细解释并考察分析了"的"字结构和判断句的歧义问题,深入探讨了"V 的是 N"歧义结构,并提出"双向动词"是"D2(双向动词) + 的 + 是 + M"歧义结构产生多义的原因。朱德熙提出的"双向动词"概念,可以解释为如果动词是"双向动词",那么在"V 的是 N"结构中"V 的"里面的 V 可能会有不同的语义指向。也就是,"V 的是 N"结构中的"N"既可以是"V"的施事,又可以是"V"的受试。也有研究认为在"V2 的是 N"格式中,当 N 为顺序义最高项或最低项时,"V2 的是 N"句式一般没有歧义;当 N 为中间项时,该句式则存在歧义。此外,该格式产生歧义又与动词配价是否饱和,词语暗含的性别要求,词语暗含的顺序义、色彩义,动词所连接成分的述题化能力等因素有关。汉语歧义结构格式的分析,不仅要重视动词,还要重视名词及其他此类的小类划分(王红厂,2004;李淑珍,2008;向然,2009;邹玉华,2022)[②③④⑤]。方小童和张爱玲(2019)[⑥]基于配价理论,从形式和意义两个角度出发,探求"V 的是 N"的歧义生成原因。认为当 V 是二价动词、三价动词时,"V 的是 N"结构有歧义,原因在于该结构中 V 的配项没有全部映现,可以通过添加缺省的配项来分化歧义。

本书以"V 的是 N"歧义结构作为考察对象,通过声学实验和数据统计分析,结合句子的语义特征,探讨句子的韵律特征,同时分析"V 的是 N"歧义结构韵律与表达的语义间的共变关系。

第1节 实 验 材 料

因为"V 的是 N"歧义结构中 V 是双向动词,所以本书共设计了四个实验句,分别是"开刀的是张斌""同意的是张斌""审查的是张斌"和"认可的是张斌",并根据"V 的是 N"歧义结构中 V 的不同指向,设计不同情境。

当"开刀的是张斌"单独出现时,"V 的是 N"结构中的名词 N"张斌"既可以是动词"开刀"的施事,也可以是动词"开刀"的受试。据此,本书分别设计如下两个情境。

---

① 朱德熙.汉语句法中的歧义现象[M]//朱德熙.现代汉语语法研究.北京:商务印书馆,1980.
② 王红厂."V² + 的 + 是 + N"歧义格式补议[J].社科纵横,2004(5):157-158.
③ 李淑珍.论 N 对句式"V + 的 + 是 + N"歧义的影响和制约[J].科学之友(B版),2008(11):76-77.
④ 向然."V 的是 N"歧义情况刍议[J].现代语文(语言研究版),2009(8):29-31.
⑤ 邹玉华."的"字结构充当主语的特殊"是"字句[J].汉语学习,2022(5):64-71.
⑥ 方小童,张爱玲.从配价理论看"V 的是 N"结构的歧义生成及分化[J].云南师范大学学报(对外汉语教学与研究版),2019,17(4):72-76.

情境1：做开刀这个动作的人是张斌，你怎么读下面的话？

回答：开刀的是张斌。

情境2：开刀的对象是张斌，你怎么读下面的话？

回答：开刀的是张斌。

当"同意的是张斌"单独出现时，"V 的是 N"结构中的名词 N"张斌"既可以是动词"同意"的施事，也可以是动词"同意"的受试。据此，本书分别设计如下两个情境。

情境1：做出同意的人是张斌，你怎么读下面的话？

回答：同意的是张斌。

情境2：同意的对象是张斌，你怎么读下面的话？

回答：同意的是张斌。

当"审查的是张斌"单独出现时，"V 的是 N"结构中的名词 N"张斌"既可以是动词"审查"的施事，也可以是动词"审查"的受试。据此，本书分别设计如下两个情境。

情境1：做审查这个工作的人是张斌，你怎么读下面的话？

回答：审查的是张斌。

情境2：审查的对象是张斌，你怎么读下面的话？

回答：审查的是张斌。

当"认可的是张斌"单独出现时，"V 的是 N"结构中的名词 N"张斌"既可以是动词"认可"的施事，也可以是动词"认可"的受试。据此，本书分别设计如下两个情境。

情境1：做出认可的人是张斌，你怎么读下面的话？

回答：认可的是张斌。

情境2：认可的对象是张斌，你怎么读下面的话？

回答：认可的是张斌。

第 2 节　实 验 结 果

为尽量降低发音人的性别、年龄等因素对实验数据的影响，本书对采集的原始数据进行相关处理，采用起伏度、时长比和音量比等数据代替采集数据的绝对值比较，分析数据并提取共性声学特征，以发音合作人的声学参数平均值呈现研究结果。

7.2.1　音高数据分析

本书将两种不同情境下发音人的音高语音数据统计分析后以图形形式呈现研究结果，从而得到四个实验句起伏度平均值图(图 7-1 至图 7-4)。

第7章 "的"字句句法解歧韵律分析

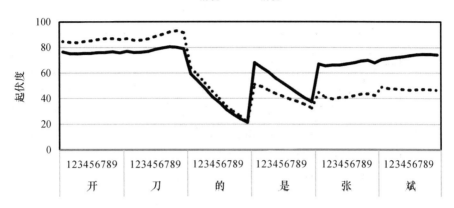

图7-1 不同情境下"开刀的是张斌"歧义句各字起伏度平均值图

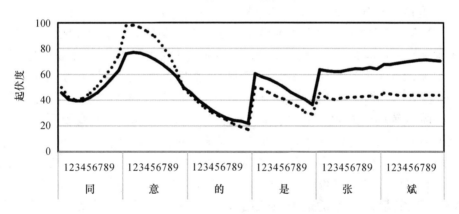

图7-2 不同情境下"同意的是张斌"歧义句各字起伏度平均值图

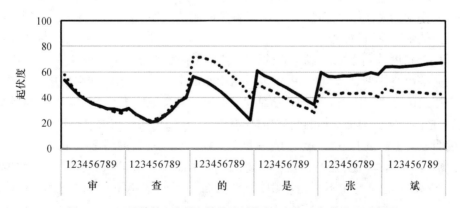

图7-3 不同情境下"审查的是张斌"歧义句各字起伏度平均值图

■ 现代汉语句法歧义的韵律解歧实验研究

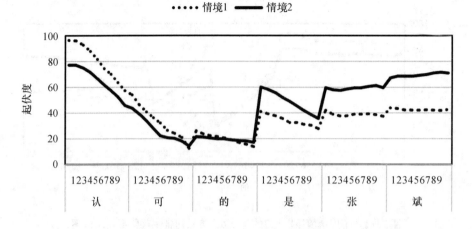

图 7-4 不同情境下"认可的是张斌"歧义句各字起伏度平均值图

  由于在情境1中"V的是N"歧义结构中的名词N是动词V的施事,也就是在情境1中,在"V的是N"歧义结构中做V这个动作的是后面的名词N。那么,句首动词"V的"成为情境1中"V的是N"歧义结构这句话要表达的主要内容,也是新信息,成为这句话的话语中心。由图7-1至图7-4可知,在情境1中,句首词"V的"中动词V"开刀""同意"和"认可"音高抬高,拥有全句最高的起伏度。只有在"审查的是张斌"这句话中"V的"里面的动词V"审查"的"审"是上声低平调,在句中的音高较低,但是在"审查的是张斌"中,"的"字的音高抬高,拥有全句最高的起伏度。

  由于在情境2中"V的是N"歧义结构中的名词N是动词V的受事,也就是在情境2中,在"V的是N"歧义结构中V这个动作的对象是后面的名词"N"。那么,句末名词N"张斌"成为情境2中"V的是N"歧义结构这句话要表达的主要内容,也是新信息,成为这句话的话语中心。由图7-1至图7-4可知,在情境2中,句末名词"张斌"音高抬高,拥有全句最高或次高的起伏度值。

  对比四个实验句中情境1、情境2各字的起伏度可以发现,情境1中的新信息句首词"V的"中动词V"开刀""同意""认可"各字的起伏度明显高于情境2所对应字的起伏度值。虽然实验句"审查的是张斌"中,情境1中动词"审查"的起伏度与情境2中"审查"的起伏度差别不大,但是"V的"中的"的"字起伏度大于情境2中"的"的起伏度。也就是说整体来看,情境1中作为话语中心的新信息"V的"的起伏度大于情境2中对应的起伏度值。情境2中的新信息"V的是N"歧义结构中的N是动作V的实施对象,也就是四个实验句里动词的受试均是"张斌"。在四个实验句中,情境2中"张斌"的起伏度明显高于情境1中"张斌"的起伏度值。与此现象一致的还有"V的是N"歧义结构中的常量"是"。总之,在"V的是N"歧义结构中,对比情境1和情境2中各字的起伏度值,可以发现发音人在不同情境中,分别抬高了不同情境下的句中新信息部分的音高。

7.2.2 音长数据分析

本书将两种不同情境下发音人的音长语音数据统计分析后以图形形式呈现研究结果,从而得到四个实验句时长比平均值图(图7-5至图7-8)。

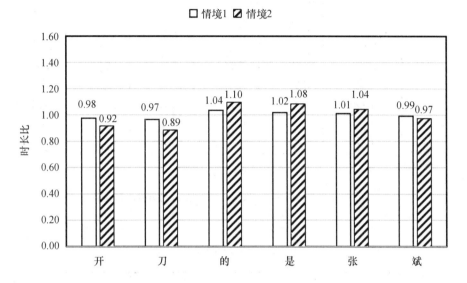

图7-5 不同情境下"开刀的是张斌"歧义句各字时长比平均值图

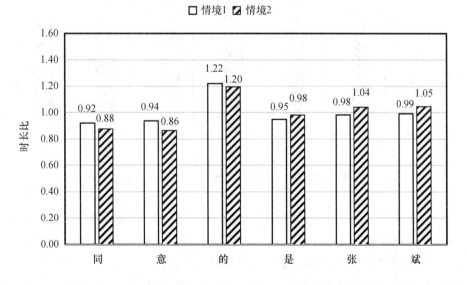

图7-6 不同情境下"同意的是张斌"歧义句各字时长比平均值图

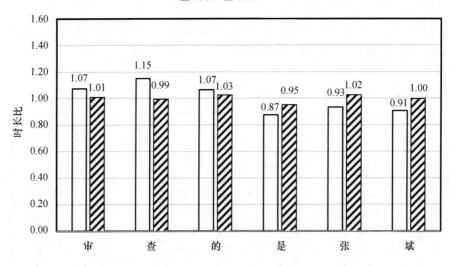

图7-7 不同情境下"审查的是张斌"歧义句各字时长比平均值图

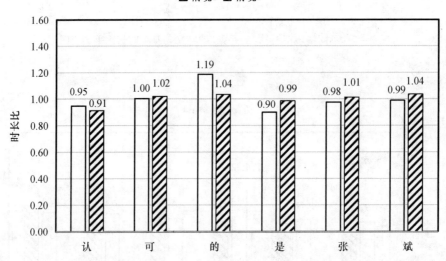

图7-8 不同情境下"认可的是张斌"歧义句各字时长比平均值图

由于在情境1中"V的是N"歧义结构中的名词N是动词V的施事,也就是在情境1中,在"V的是N"歧义结构中做V这个动作的是后面的名词N。那么,句首动词"V的"成为情境1中"V的是N"歧义结构这句话要表达的主要内容,也是新信息,成为这句话的话语中心。由图7-5至图7-8可知,在情境1中,句首词"V的"中的动词V"开刀""同意"和"认可"三个词的时长比平均值均小于等于1,音长未发生延长。但是句首动词"V的"中的常量"的"的时长比值均大于1,音长发生延长,并拥有实验句中全句最大时长比。也就是,在情境1中,发音人把"V的"中新信息句首词的末字延长。只有在"审查的是张斌"这句话中"V的"中的动词 V"审查"音长出现延长。

由于在情境 2 中"V 的是 N"歧义结构中的名词 N 是动词 V 的受事,也就是在情境 2 中,在"V 的是 N"歧义结构中 V 这个动作的对象是后面的名词 N"张斌"。那么,句末名词 N 成为情境 2 中"V 的是 N"歧义结构这句话要表达的主要内容,也是新信息,成为这句话的话语中心。由图 7-5 至图 7-8 可知,在情境 2 中,句首动词"V 的"中的常量"的"的时长比值均大于 1,音长发生延长,并拥有实验句中全句最大时长比。此外,在情境 2 中"V 的是 N"歧义结构里做 V 这个动作的对象的名词"张斌",也就是句中的新信息"张斌"在四个实验句中的时长比("开刀的是张斌"中的"斌"除外)均大于 1,音长发生延长。

对比四个实验句中情境 1、情境 2 各字的时长比可以发现,情境 1 中的新信息句首词"V 的"中的动词"开刀""同意""认可"和"审查"各字的时长比("认可"的"可"除外)明显大于情境 2 所对应词的时长比值。也就是说整体来看,情境 1 中作为话语中心的新信息"V 的"的各字时长比均大于情境 2 中对应的时长比值。在情境 2 中的新信息"V 的是 N"歧义结构中的 N 是动作 V 的实施对象,也就是四个实验句里动词的受试均是"张斌"。在四个实验句中,情境 2 中"张斌"的时长比明显大于情境 1 中"张斌"的时长比值。与此现象一致的还有"V 的是 N"歧义结构中的常量"是"。总之,在"V 的是 N"歧义结构中,对比情境 1 和情境 2 中各字的时长比值,可以发现发音人在不同情境中表达"V 的是 N"的不同语义时,分别延长句中新信息部分的音长。

7.2.3 音强数据分析

本书将两种不同情境下发音人的音强语音数据统计分析后以图形形式呈现研究结果,从而得到四个实验句音量比平均值图(图 7-9 至图 7-12)。

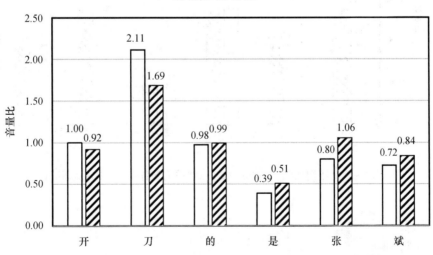

图 7-9 不同情境下"开刀的是张斌"歧义句各字音量比平均值图

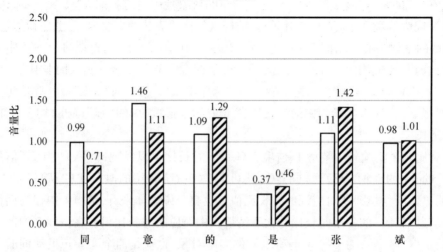

图7-10 不同情境下"同意的是张斌"歧义句各字音量比平均值图

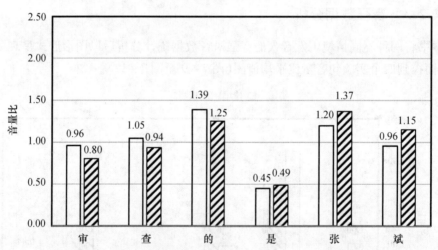

图7-11 不同情境下"审查的是张斌"歧义句各字音量比平均值图

第 7 章 "的"字句句法解歧韵律分析

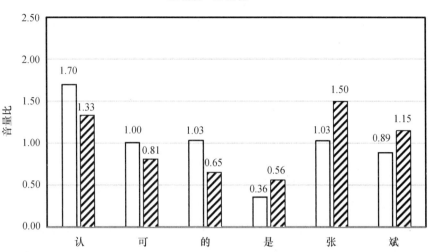

图 7-12　不同情境下"认可的是张斌"歧义句各字音量比平均值图

由于在情境 1 中"V 的是 N"歧义结构中的名词 N 是动词 V 的施事，也就是在情境 1 中，在"V 的是 N"歧义结构中做 V 这个动作的是后面的名词 N。那么，句首动词"V 的"成为情境 1 中"V 的是 N"歧义结构这句话要表达的主要内容，也是新信息，成为这句话的话语中心。由图 7-9 至图 7-12 可知，在情境 1 中，句首词"V 的"中的动词 V "开刀""同意""审查"和"认可"四个词的末字，以及常量"的"音量比值均大于等于 1（"开刀的"中"的"的音量比为 0.98，接近 1），音强出现增幅。并且，实验句中全句最大音量比出现在句首词"V 的"中。此外，常量"是"的音量比在实验句中均小于 1，音强未出现增幅。也就是，在情境 1 中，发音人把新信息句首"V 的"中的动词末字及"的"的音强增强，以达到突出话语中心的目的。

由于在情境 2 中"V 的是 N"歧义结构中的名词 N 是动词 V 的受事，也就是在情境 2 中，在"V 的是 N"歧义结构中 V 这个动作的对象是后面的名词"N"。那么，句末名词"N"成为情境 2 中"V 的是 N"歧义结构这句话要表达的主要内容，也是新信息，成为这句话的话语中心。由图 7-9 至图 7-12 可知，在情境 2 中，句首动词"V 的"中的常量"的"的音量比值在"开刀的是张斌"和"认可的是张斌"两个实验句中分别为 0.99 和 0.65，均小于 1，未出现音强增强。但是在实验句"同意的是张斌"和"审查的是张斌"中，常量"的"的音强出现增强，音量比大于 1。情境 2 中另一个常量"是"的音量比也均小于 1，未出现音强增幅。此外，在情境 2 中"V 的是 N"歧义结构里 V 这个动作的对象是名词"张斌"，也就是句中的新信息"张斌"，在四个实验句中的"张"的音量比值均大于 1，音强出现增幅。

对比四个实验句中情境 1、情境 2 各字的时长比可以发现，情境 1 中的新信息句首词"V 的"中动词"开刀""同意""认可"和"审查"各字的音量比明显高于情境 2 所对应字的音量比值。也就是说整体来看，情境 1 中作为话语中心的新信息"V 的"的各字音量比均大于情境2中对应的音量比值。在情境2中作为"V的是N"歧义结构中新信息的是动作V的实施对象N。也就是在情境2中,四个实验句里动词的受试"张斌"是新信息。在四个实验句中,情境2中"张斌"的音量比明显高于情境1中"张斌"的音量比值。与此现象一致的还有"V的是N"歧义结构中的常量"是"。总之,在"V的是N"歧义结构中,对比情境1和情境2中各字的音量比值,可以发现发音人在表达不同情境中"V的是N"的语义时,分别增加句中新信息部分的音强。

第3节 结果讨论

首先,从音高角度来看,在不同情境下,说话人在表达"V的是N"歧义结构中动词V的不同语义指向时,从音高起伏度方面做出了区分。也就是当"V的是N"歧义结构的名词N被"V的"中的双向动词V语义指向为施事时,说话人抬高"V的"中的动词V的音高起伏度。当"V的是N"歧义结构的名词N被"V的"中的双向动词V语义指向为受事时,说话人抬高了实验句中的新信息名词N"张斌"的音高起伏度,明显高于情境1中该词的音高起伏度值。这说明说话人在特定情境下,表达"V的是N"歧义结构不同语义时,使用了音高韵律特征对"V的是N"歧义结构语义指向进行区分。

其次,从音长角度来看,在不同情境下,说话人在表达"V的是N"歧义结构中动词V的不同语义指向时,从音长时长比方面做出了区分。也就是当"V的是N"歧义结构的名词N被"V的"中的双向动词V语义指向为施事时,"V的"中的动词音长延长。当"V的是N"歧义结构的名词N被"V的"中的双向动词V语义指向为受事时,说话人延长实验句中的新信息名词"张斌"的音长,使其明显高于情境1中该词的音长时长比值。这说明说话人在特定情境下,表达"V的是N"歧义结构不同语义时,使用了音长韵律特征对"V的是N"歧义结构语义指向进行区分。也就是,比其他情境下更加延长"V的是N"歧义结构中的新信息。

最后,从音强角度来看,在不同情境下,说话人在表达"V的是N"歧义结构中动词V的不同语义指向时,从音强音量比方面也做出了区分。也就是当"V的是N"歧义结构的名词N被"V的"中的双向动词V语义指向为施事时,"V的"中的动词音强出现增幅。当"V的是N"歧义结构的名词N被"V的"中的双向动词V语义指向为受事时,说话人增强实验句中的新信息名词"张斌"的音强,使其音强音量比值明显大于情境1中该词的音强音量比值。这说明说话人在特定情境下,表达"V的是N"歧义结构不同语义时,使用了音强的韵律特征对"V的是N"歧义结构语义指向进行区分。也就是,比其他情境下增强"V的是N"歧义结构中的新信息的音强。

同时,本书的研究发现,"是"字及其后的名词"张斌"在情境2中的音高抬高,音长延长,音强增强。这一结果支持"标记词'是'对于其后的焦点重音具有显著的强化作用,进而使其位于更高的重音等级"(王萍,石锋,熊金津,商桑,2019)[①]的结论。

本书通过在不同情境下对"V的是N"歧义结构不同语义指向的实验句的声学数据

---

① 王萍,石锋,熊金津,等.汉语普通话"是"字焦点句的韵律表现[J].语言文字应用,2019(3):134-143.

(起伏度、时长比和音量比)进行对比分析,发现说话人在表达"V 的是 N"歧义结构不同语义指向时语音上有明确的区别。突出表现在说话人利用不同的韵律特征表达"V 的是 N"歧义结构的不同语义指向。例如,当"V 的是 N"歧义结构的名词 N 被"V 的"中的双向动词 V 语义指向为施事时,"V 的"中的动词音高抬高,音长延长,音强增强;当"V 的是 N"歧义结构的名词 N 被"V 的"中的双向动词 V 语义指向为受事时,说话人把实验句中的新信息名词"张斌"音高抬高,音长延长,音强增强。这表明,说话人在不同情境下表达"V 的是 N"的不同语义指向歧义句的时候,已经意识到该歧义结构中的歧义成分,并能够在不同情境下通过运用不同的语音韵律形式,把想表达的不同语义利用语音韵律特征区分出来。

第8章 "和"字句句法解歧韵律分析

施关淦,吴启主(1980)[①]认为,"N1 + 和 + N2 + 的 + N3"结构的句子有时会产生歧义。例如,"哥哥和弟弟的朋友"可以有两种句法组合。组合1:"哥哥和弟弟" + 的 + "朋友",表现为领属类定中"N1 + 的 + N2"格式。组合2:"哥哥"和"弟弟的朋友",表现为"N1 + 和 + N2"的并列结构。可见,"N1 + 和 + N2 + 的 + N3"结构中,"N1"和"N2"之间的句法结合关系使得该结构产生出不同的语义。

本书以"N1 + 的 + N2 + 和 + N3"和"N1 + 和 + N2 + 的 + N3"结构作为考察对象,通过声学实验和数据统计分析,结合句子的语义特征,探讨句子的韵律特征,同时分析"和"字句歧义结构韵律与表达的语义间的共变关系。

第1节 实验材料

因为"N1 + 的 + N2 + 和 + N3""N1 + 和 + N2 + 的 + N3"歧义结构中可以分别有并列结构组合及领属类定中结构组合两种方式,所以本书共设计了两个实验句,分别是"衣服的袖子和口袋""桌子和椅子的腿",并根据领属类定中结构组合和并列结构组合两种方式设计不同情境。

句子1:衣服的袖子和口袋。

情境1:妈妈要帮你缝东西,问你哪里破了。你告诉妈妈你穿着的衣服有两个地方破了,分别是袖子和口袋。

回答:衣服的袖子和口袋。

情境2:妈妈要帮你缝东西,问你哪里破了。你告诉妈妈你穿着的衣服袖子破了,另外还有你手里拿着的口袋也破了。

回答:衣服的袖子和口袋。

句子2:桌子和椅子的腿。

情境1:修理师傅上门修理家具,问你哪里需要修。你告诉师傅桌子的腿和椅子的腿都需要修理。

回答:桌子和椅子的腿。

情境2:修理师傅上门修理家具,问你哪里需要修。你告诉师傅桌子整个都坏了需要修理,还有椅子的腿也坏了需要修理。

回答:桌子和椅子的腿。

---

① 施关淦,吴启主.《汉语书面语言歧义现象举例》读后(一)(二)[J].中国语文,1980(1):42-45.

第2节 实 验 结 果

为尽量降低发音人的性别、年龄等因素对实验数据的影响,本书对采集的原始数据进行相关处理,采用起伏度、时长比和音量比等数据代替采集数据的绝对值比较,分析数据并提取共性声学特征,以发音合作人的声学参数平均值呈现研究结果。

8.2.1 "衣服的袖子和口袋"数据分析结果

首先,本书将两种情境下发音人的音高语音数据统计分析后以图形形式呈现研究结果,从而得到"衣服的袖子和口袋"起伏度平均值图(图8-1)。

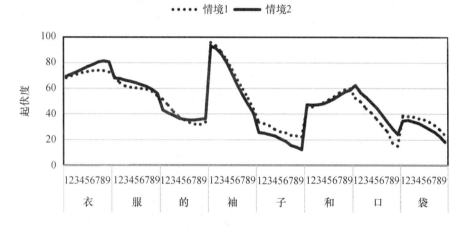

图8-1 不同情境下"衣服的袖子和口袋"歧义句各字起伏度平均值图

由于在情境1中"妈妈要帮你缝东西,问你哪里破了。你告诉妈妈你穿着的衣服有两个地方破了,分别是袖子和口袋",也就是在情境1中,在"N1+的+N2+和+N3"歧义结构中,"N2+和+N3"先组合,再与前面N1一起构成"N1+的+'N2+和+N3'"的领属类定中结构。那么,句末"袖子和口袋"成为"衣服的袖子和口袋"这句话要表达的主要内容,也是新信息,成为这句话的话语中心。由图8-1可知,在情境1中,句末"袖子和口袋"作为这句话的新信息,其中去声"袖"的音高最高,拥有全句最大的起伏度值。句首N1"衣服"的音高起伏度值比N2"袖子"中的"袖"的音高起伏度值小,但是大于N3"口袋"的音高起伏度值。

由于在情境2中"妈妈要帮你缝东西,问你哪里破了。你告诉妈妈你穿着的衣服袖子破了,另外还有你手里拿着的口袋也破了",也就是在情境2中,在"N1+的+N2+和+N3"歧义结构中,"N1+的+N2"先组合,构成一个领属类定中结构,再与N3构成"'N1+的+N2'+和+N3"的并列结构。并列结果中"衣服的袖子"与"口袋"同为这句话的新信息。由图8-1可知,在情境2中,句首"衣服的袖子"作为这句话的第一个新信息,其中去声"袖"的音高最高,拥有全句最大的起伏度值。N1"衣服"的音高起伏度值比N2"袖子"中的"袖"的音高起伏度值小,但是大于N3"口袋"的音高起伏度值。

对比"N1+的+N2+和+N3"歧义结构中情境1、情境2各字的起伏度可以发现,情境1中的新信息"袖子和口袋"中的"袖子""和"及"袋"的起伏度值略高于情境2中对应各字的起伏度值,只有"口"的起伏度值略低于情境2中"口"的起伏度值。前面的定语部分"衣服"在情境1中的起伏度值低于情境2中该词的起伏度值。也就是说整体来看,情境1中作为话语中心的新信息"N2+和+N3"的起伏度值大于情境2中对应的起伏度值,非新信息部分"N1+的"部分起伏度值均小于情境2中对应的起伏度值。在情境2"'N1+的+N2'+和+N3"的并列结构中,处于并列位置的"衣服的袖子"与"口袋"同为这句话的新信息。其中在情境2中,"衣服"的起伏度值大于情境1中该词的起伏度值,同时"口袋"的"口"起伏度值也大于情境1中该字的起伏度。总之,在"N1+的+N2+和+N3"歧义结构中,对比情境1和情境2中各字的起伏度值,可以发现发音人在不同情境中,分别抬高了不同情境下的句中新信息部分的音高。

然后,本书将两种情境下发音人的音长语音数据统计分析后以图形形式呈现研究结果,从而得到"衣服的袖子和口袋"时长比平均值图(图8-2)。

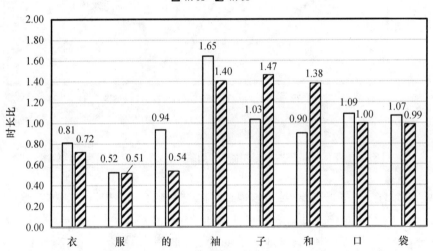

图8-2 不同情境下"衣服的袖子和口袋"歧义句各字时长比平均值图

由于在情境1中"妈妈要帮你缝东西,问你哪里破了。你告诉妈妈你穿着的衣服有两个地方破了,分别是袖子和口袋",也就是在情境1中,在"N1+的+N2+和+N3"歧义结构中,"N2+和+N3"先组合,再与前面N1一起构成"N1+的+'N2+和+N3'"的领属类定中结构。那么,句末"袖子和口袋"成为"衣服的袖子和口袋"这句话要表达的主要内容,也是新信息,成为这句话的话语中心。由图8-2可知,在情境1中,句末"袖子和口袋"作为这句话的新信息,其中去声"袖"的音长最大,拥有全句最大的时长比值。"子"和"口袋"的音长均发生延长,时长比大于1。非话语中心成分的句首N1"衣服"的音长均未发生延长,时长比值小于话语中心的新信息"袖子和口袋"中"袖子""口袋"的时长比值。

第 8 章 "和"字句句法解歧韵律分析

由于在情境 2 中"妈妈要帮你缝东西,问你哪里破了。你告诉妈妈你穿着的衣服袖子破了,另外还有你手里拿着的口袋也破了",也就是在情境 2 中,在"N1 + 的 + N2 + 和 + N3"歧义结构中,"N1 + 的 + N2"先组合,构成一个领属类定中结构,再与 N3 构成"'N1 + 的 + N2' + 和 + N3"的并列结构。并列结果中"衣服的袖子"与"口袋"同为这句话的新信息。由图 8-2 可知,在情境 2 中,句首"衣服的袖子"作为这句话的第一个新信息,是领属的定中结构,其中"袖子"为中心词。在情境 2 中,作为第一新信息的中心词"袖子"两个字的音长均发生延长,时长比值大于 1,其中"子"拥有全句最大的时长比值。N1"衣服"作为定语比第一新信息的中心词 N2"袖子"中的"袖"的时长比小,均未发生音长的延长,时长比小于 1。此外,在情境 2 中,作为并列结构的连词"和"的音长发生延长,时长比值大于 1。作为并列结构中"和"后的第二新信息 N3"口袋"的音长未发生延长,时长比分别为 1 和 0.99。

对比"N1 + 的 + N2 + 和 + N3"歧义结构中情境 1、情境 2 各字的时长比值可以发现,情境 1 中的新信息"袖子和口袋"中的"袖""口""袋"的时长比大于情境 2 中对应各字的时长比值。但是,情境 2 中作为第一新信息的"袖子"中的末词"子"承载着句末信息,其音长发生延长,时长比大于 1,并且大于情境 1 中该字的时长比值。此外,在情境 2 中,"和"作为连接两个并列成分新信息的连词,其时长比值大于情境 1 中该字的时长比值。总之,在"N1 + 的 + N2 + 和 + N3"歧义结构中,对比情境 1 和情境 2 中各字的时长比值,可以发现发音人在不同情境中,分别延长了不同情境下的句中部分新信息的音长。

最后,本书将两种情境下发音人的音强语音数据统计分析后以图形形式呈现研究结果,从而得到"衣服的袖子和口袋"音量比平均值图(图 8-3)。

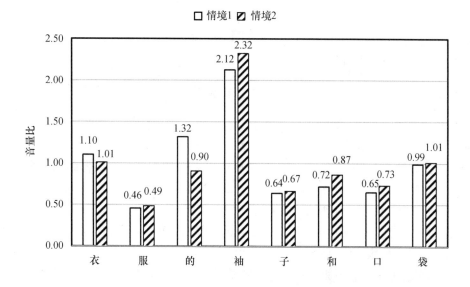

图 8-3 不同情境下"衣服的袖子和口袋"歧义句各字音量比平均值图

由于在情境 1 中"妈妈要帮你缝东西,问你哪里破了。你告诉妈妈你穿着的衣服有两个地方破了,分别是袖子和口袋",也就是在情境1中,在"N1+的+N2+和+N3"歧义结构中,"N2+和+N3"先组合,再与前面N1一起构成"N1+的+'N2+和+N3'"的领属类定中结构。那么,句末"袖子和口袋"成为"衣服的袖子和口袋"这句话要表达的主要内容,也是新信息,成为这句话的话语中心。由图8-3可知,在情境1中,句末"袖子和口袋"作为这句话的新信息,其中去声"袖"的音强最大,拥有全句最大的音量比值2.12。"子"和"口袋"的音强均未出现增幅,音量比小于1。非话语中心成分的句首定语N1"衣服"中"衣"的音强出现增幅,音量比大于1。作为领属类定中结构"N1+的+'N2+和+N3'"中的"的"音强出现增幅,音量比大于1。

由于在情境2中"妈妈要帮你缝东西,问你哪里破了。你告诉妈妈你穿着的衣服袖子破了,另外还有你手里拿着的口袋也破了",也就是在情境2中,在"N1+的+N2+和+N3"歧义结构中,"N1+的+N2"先组合,构成一个领属类定中结构,再与N3构成"'N1+的+N2'+和+N3"的并列结构。并列结果中"衣服的袖子"与"口袋"同为这句话的新信息。由图8-3可知,在情境2中,句首"衣服的袖子"作为这句话的第一个新信息,是领属的定中结构,其中"袖子"为中心词。作为第一个新信息的中心词"袖子"的"袖"音强出现增幅,音量比值大于1,拥有全句最大的音量比值。句首N1"衣服"作为领属类定中结构"N1+的+N2"中的定语,比第一个新信息的中心词N2"袖子"中的"袖"的音强小,只有"衣"音强略有增幅,音量比为1.01。此外,作为并列结构的连词"和"的音强未出现增幅,音量比值为0.87。作为并列结构中"和"后的第二个新信息N3"口袋"中"袋"的音强略有增幅,音量比值为1.01。

对比"N1+的+N2+和+N3"歧义结构中情境1、情境2各字的音量比值可以发现,情境2中作为第一个新信息中心语的"袖子"的音量比大于情境1中对应字的音量比值。此外,在情境2中,"和"作为连接两个新信息的连词,以及第二个新信息"口袋"的音量比值均大于情境1中对应的各字音量比值。总之,在"N1+的+N2+和+N3"歧义结构中,对比情境1和情境2中各字的音量比值可以发现,发音人在不同情境中分别增强了不同情境下的句中新信息部分的音强。

8.2.2 "桌子和椅子的腿"数据分析结果

首先,本书将两种情境下发音人的音高语音数据统计分析后以图形形式呈现研究结果,从而得到"桌子和椅子的腿"起伏度平均值图(图8-4)。

由于在情境1中"修理师傅上门修理家具,问你哪里需要修。你告诉师傅桌子的腿和椅子的腿都需要修理",也就是在情境1中,在"N1+和+N2+的+N3"歧义结构中,"N1+和+N2"先组合,再与后面N3一起构成"'N1+和+N2'+的+N3"的领属类定中结构。那么,句末N3"腿"成为"桌子和椅子的腿"这句话要表达的主要内容,也是新信息,成为这句话的话语中心。由图8-4可知,在情境1中,句末"腿"作为这句话的新信息,受到陈述句音高下倾的影响(杨玉芳,黄贤军,高路,2006)[①],其起点音高起伏度值为36,终点起伏度值为全句最小。作为领属类定中结构中的定语成分,"桌子和椅子"

---

① 杨玉芳,黄贤军,高路. 韵律特征研究[J]. 心理科学进展,2006,14(4):546-550.

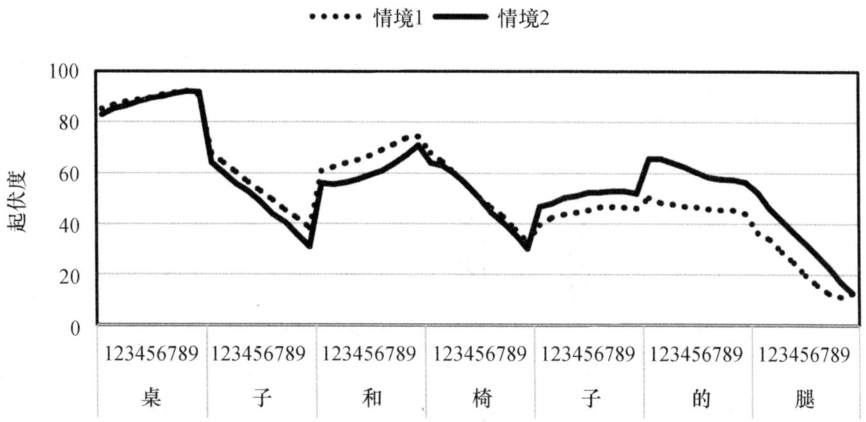

图 8-4　不同情境下"桌子和椅子的腿"歧义句各字起伏度平均值图

本身是一个并列结构,其中"桌"拥有全句最大的起伏度值,其次是"椅子"的"椅"的音高起伏度居第二位。

由于在情境 2 中"修理师傅上门修理家具,问你哪里需要修。你告诉师傅桌子整个都坏了需要修理,还有椅子的腿也坏了需要修理",也就是在情境 2 中,在"N1 + 和 + N2 + 的 + N3"歧义结构中,"N2 + 的 + N3"先组合,构成一个领属类定中结构,再与 N1 构成"N1 + 和 + 'N2 + 的 + N3'"的并列结构。并列结果中"桌子"与"椅子的腿"同为这句话的新信息。由图 8-4 可知,在情境 2 中,句首 N1"桌子"作为这句话的第一个新信息,其中阴平"桌"的音高最高,拥有全句最大的起伏度值。N1"桌子"的音高起伏度值比 N2"椅子"中的"椅"的音高起伏度值大,同时,也大于 N3"腿"的音高起伏度值。

对比"N1 + 和 + N2 + 的 + N3"歧义结构中情境 1、情境 2 各字的起伏度可以发现,在情境 1 中,句首并列结构"N1 + 和 + N2"中"和"的起伏度值大于情境 2 中该字的起伏度值。此外,情境 1 中的新信息"腿"的起伏度值明显小于情境 2 中对应该字的起伏度值。在情境 2 中,第一新信息是句首 N1"桌子",其起伏度值与情境 1 中该词的起伏度值差别不大。第二新信息为"N2 + 的 + N3"先组合构成的领属类定中结构。其中心词 N3"腿"的起伏度明显大于情境 1 中该字的起伏度值。

也就是说整体来看,在"N1 + 和 + N2 + 的 + N3"歧义结构中,对比情境 1 和情境 2 中各字的起伏度值,可以发现发音人在不同情境中,部分抬高了不同情境下的句中新信息部分的音高,并未抬高所有新信息部分名词的音高。

然后,本书将两种情境下发音人的音长语音数据统计分析后以图形形式呈现研究结果,从而得到"桌子和椅子的腿"时长比平均值图(图 8-5)。

由于在情境 1 中"修理师傅上门修理家具,问你哪里需要修。你告诉师傅桌子的腿和椅子的腿都需要修理",也就是在情境 1 中,在"N1 + 和 + N2 + 的 + N3"歧义结构中,"N1 + 和 + N2"先组合,再与后面 N3 一起构成"'N1 + 和 + N2' + 的 + N3"的领属类定中结构。那么,句末 N3"腿"成为"桌子和椅子的腿"这句话要表达的主要内容,也是新信息,成为这句话的话语中心。由图 8-5 可知,在情境 1 中,句末"腿"作为这句话的新

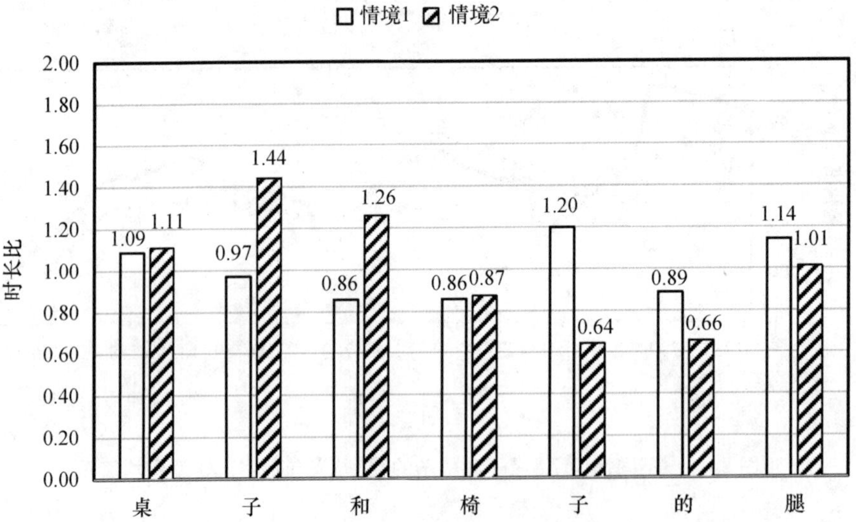

□ 情境1　▨ 情境2

[图表：不同情境下各字时长比平均值]
- 桌：1.09 / 1.11
- 子：0.97 / 1.44
- 和：0.86 / 1.26
- 椅：0.86 / 0.87
- 子：1.20 / 0.64
- 的：0.89 / 0.66
- 腿：1.14 / 1.01

图8-5　不同情境下"桌子和椅子的腿"歧义句各字时长比平均值图

信息,音长发生延长,时长比值为1.14。作为领属类定中结构中的定语成分,"桌子和椅子"本身是一个并列结构,其中"椅子"的"子"作为"桌子和椅子"的末字具有表现边界的作用,拥有全句最大音长,时长比为1.2。其次是句首N1"桌子"的"桌"音长也发生延长,时长比为1.09。

由于在情境2中"修理师傅上门修理家具,问你哪里需要修。你告诉师傅桌子整个都坏了需要修理,还有椅子的腿也坏了需要修理",也就是在情境2中,在"N1+和+N2+的+N3"歧义结构中,"N2+的+N3"先组合,构成一个领属类定中结构,再与N1构成"N1+和+'N2+的+N3'"的并列结构。并列结构中"桌子"与"椅子的腿"同为这句话的新信息。由图8-5可知,在情境2中,句首N1"桌子"作为这句话的第一个新信息,其音长均出现延长,时长比分别为1.11和1.44。其中"桌子"的"子"作为词末字,同时标志边界,其时长比值为全句最大(邓丹,石锋,吕士楠,2006)[①]。并列结构连词"和"的音长也出现延长,时长比为1.26。在第二个新信息领属类定中结构"椅子的腿"中,中心词"腿"的音长发生延长,时长比为1.01。

对比"N1+和+N2+的+N3"歧义结构中情境1、情境2各字的时长比值可以发现,在情境1中,句末"腿"作为这句话的新信息,音长出现延长,并且其时长比值比情境2中"腿"的时长比值要大。在情境2中,句首N1"桌子"作为这句话的第一个新信息,音长出现延长,并且其中"桌""子"两个字的时长比值大于情境1中两字的时长比值。在第二个新信息领属类定中结构"椅子的腿"中,中心词"腿"的音长发生延长,但是其时长比值小于情境1中作为全句新信息的"腿"的时长比值。

---

① 邓丹,石锋,吕士楠.普通话双音节韵律词的时长特性研究[M]//第七届中国语音学学术会议论文集.北京:北京大学出版社,2006.

第 8 章 "和"字句句法解歧韵律分析

也就是说整体来看,情境 1 中作为话语中心的新信息 N3"腿"音长发生延长,时长比大于 1。在情境 2 中,第一个新信息句首 N1"桌子"及第二个新信息领属类定中结构"椅子的腿"中的"腿"的音长也发生延长,时长比均大于 1。总之,在"N1 + 和 + N2 + 的 + N3"歧义结构中,对比情境 1 和情境 2 中各字的时长比值,可以发现发音人在不同情境中,延长了不同情境下句中新信息部分的音长。

最后,本书将两种情境下发音人的音强语音数据统计分析后以图形形式呈现研究结果,从而得到"桌子和椅子的腿"音量比平均值图(图 8-6)。

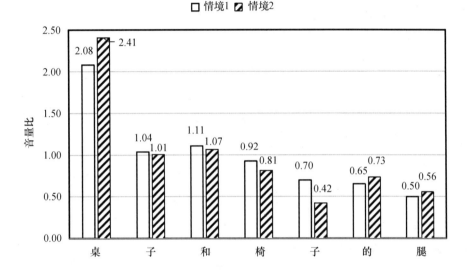

图 8-6　不同情境下"桌子和椅子的腿"歧义句各字音量比平均值图

由于在情境 1 中"修理师傅上门修理家具,问你哪里需要修。你告诉师傅桌子的腿和椅子的腿都需要修理",也就是在情境 1 中,在"N1 + 和 + N2 + 的 + N3"歧义结构中,"N1 + 和 + N2"先组合,再与后面 N3 一起构成"'N1 + 和 + N2' + 的 + N3"的领属类定中结构。那么,句末 N3"腿"成为"桌子和椅子的腿"这一领属类定中结构的中心语,是要表达的主要内容,也是新信息,成为这句话的话语中心。由图 8-6 可知,在情境 1 中,句末"腿"作为这句话的新信息,音强未出现增幅,音量比为 0.56。作为领属类定中结构中的定语成分,"桌子和椅子"本身是一个并列结构,其中"桌子"作为并列结构的句首词,两个字的音强均出现增幅,音量比分别为 2.08 和 1.04。其中,"桌"拥有全句最大音量比值。句首并列结构中的连词"和"的音强也出现增幅,音量比值为 1.11。并列结构"桌子和椅子"中的末词"椅子"的音强未出现增幅,音量比值小于 1。

由于在情境 2 中"修理师傅上门修理家具,问你哪里需要修。你告诉师傅桌子整个都坏了需要修理,还有椅子的腿也坏了需要修理",也就是在情境 2 中,在"N1 + 和 + N2 + 的 + N3"歧义结构中,"N2 + 的 + N3"先组合,构成一个领属类定中结构,再与 N1 构成"N1 + 和 + 'N2 + 的 + N3'"的并列结构。并列结果中"桌子"与"椅子的腿"同为这句话的新信息。由图 8-6 可知,在情境 2 中,句首 N1"桌子"作为这句话的第一个新信息,其音强出现增幅,音量比分别为2.41和1.01。并列结构连词"和"的音强也出现增幅,音量比值为1.07。在第二个新信息领属类定中结构"椅子的腿"中,定语成分"椅子"和中心词"腿"的音强均未出现增幅,音量比均小于1。

对比"N1+和+N2+的+N3"歧义结构中情境1、情境2各字的音量比可以发现,在情境1中,句末"腿"作为这句话的新信息,音强未出现增幅,并且其音量比值比情境2中"腿"的音量比值要小。在情境2中,句首N1"桌子"作为这句话的第一个新信息,音强出现增幅,并且其中"桌"的音量比值大于情境1中"桌"的音量比值。在第二个新信息领属类定中结构"椅子的腿"中,中心词"腿"的音强虽未出现增幅,但是其音量比值大于情境1中"腿"的音量比值。

也就是说整体来看,情境1中作为话语中心的新信息N3"腿"出现在句末的时候,音强未出现增强,音量比小于1。在情境2中,句首N1"桌子"作为这句话的第一个新信息,其中"桌"的音量比值大于情境1中"桌"的音量比值。在第二个新信息领属类定中结构"椅子的腿"中,中心词"腿"的音量比值也大于情境1中"腿"的音量比值。总之,在"N1+和+N2+的+N3"歧义结构中,对比情境1和情境2中各字的音量比值,可以发现发音人在不同情境中,部分增强了不同情境下的句中新信息部分的音强,并未全部增强。

第3节 结果讨论

首先,从音高角度来看,在不同情境下,说话人在表达"N1+的+N2+和+N3"歧义结构和"N1+和+N2+的+N3"歧义结构的不同语义时,从音高起伏度方面做出了区分。也就是当"N1+的+N2+和+N3"歧义结构表现为"N1+的+'N2+和+N3'"的领属类定中结构时,说话人部分抬高新信息"N2+和+N3"中各字的音高,主要表现在:当"N1+的+N2+和+N3"歧义结构表现为"'N1+的+N2'+和+N3"的并列结构时,说话人抬高了第一个新信息中N1和N3的音高起伏度。同样,说话人在表达"N1+和+N2+的+N3"歧义结构的不同语义时,也在音高起伏度方面做了部分区分。这说明说话人在特定情境下,表达"N1+的+N2+和+N3"歧义结构和"N1+和+N2+的+N3"歧义结构的不同语义时,使用了音高韵律特征对"N1+的+N2+和+N3"歧义结构和"N1+和+N2+的+N3"歧义结构的不同语义进行区分。

其次,从音长角度来看,在不同情境下,说话人在表达"N1+的+N2+和+N3"歧义结构和"N1+和+N2+的+N3"歧义结构的不同语义时,从音长时长比方面做出了区分。也就是当"N1+的+N2+和+N3"歧义结构表现为"N1+的+'N2+和+N3'"的领属类定中结构时,说话人延长新信息"N2+和+N3"中的各字的音长。当"N1+的+N2+和+N3"歧义结构表现为"'N1+的+N2'+和+N3"的并列结构时,说话人延长了第一个新信息中N1和N3的音长。同样,说话人在表达"N1+和+N2+的+N3"歧义结构的不同语义时,也在音长时长比方面做了部分区分。这说明说话人在特定情境下,表达"N1+的+N2+和+N3"歧义结构和"N1+和+N2+的+N3"歧义结构的不同语义时,使用了音长韵律特征对"N1+的+N2+和+N3"歧义结构和"N1+和+N2+的+

N3"歧义结构的不同语义进行区分。

最后,从音强角度来看,在不同情境下,说话人在表达"N1+的+N2+和+N3"歧义结构和"N1+和+N2+的+N3"歧义结构的不同语义时,从音强音量比方面做出了区分。也就是当"N1+的+N2+和+N3"歧义结构表现为"N1+的+'N2+和+N3'"的领属类定中结构时,说话人增强新信息"N2+和+N3"中部分字的音强。当"N1+的+N2+和+N3"歧义结构表现为"'N1+的+N2'+和+N3"的并列结构时,说话人增强了第一个新信息中 N1 和 N3 的音强。同样,说话人在表达"N1+和+N2+的+N3"歧义结构的不同语义时,也在音强音量比方面做了部分区分。这说明说话人在特定情境下,表达"N1+的+N2+和+N3"歧义结构和"N1+和+N2+的+N3"歧义结构的不同语义时,使用了音强韵律特征对"N1+的+N2+和+N3"歧义结构和"N1+和+N2+的+N3"歧义结构的不同语义进行区分。也就是,增强歧义结构中新信息的音强。

本书通过在不同情境下,对"N1+的+N2+和+N3"歧义结构和"N1+和+N2+的+N3"歧义结构不同情境下具有不同语义的实验句声学数据(起伏度、时长比和音量比)进行对比分析,发现说话人在表达"N1+的+N2+和+N3"歧义结构和"N1+和+N2+的+N3"歧义结构不同语义时语音上有明确的区别。突出表现在说话人利用不同的韵律特征表达"N1+的+N2+和+N3"歧义结构和"N1+和+N2+的+N3"歧义结构的不同语义。例如,当"N1+的+N2+和+N3"歧义结构表现为"'N1+的+N2'+和+N3"的并列结构时,说话人对第一个新信息中 N1 和 N3 的音高抬高,音长延长,音强增强。这表明,说话人在不同情境下表达"N1+的+N2+和+N3"歧义结构和"N1+和+N2+的+N3"歧义结构不同语义的时候,已经意识到该歧义结构中的歧义成分,并能够在不同情境下通过运用不同的语音韵律形式,把想表达的不同语义利用语音韵律特征区分出来。

第9章 动宾/偏正句法解歧韵律分析

句法歧义格式中有一种层次切分相同、但语法结构不同的歧义(邵敬敏,任芝锳,李家树,2003)[①]。本书主要考察这类层次相同、语法关系不同的歧义结构中的动宾/偏正歧义结构和同位/偏正韵律表现。该歧义结构通常表现为四字组合,前两个音节为一个双音节词,后两个音节为一个双音节词,如学习文件、保留意见、生成语法等。

本节以"V双+N双"歧义结构(动宾/偏正)为考察对象,以"进口彩电"和"组装电脑"为例,通过声学实验和数据统计分析,结合句子的语义特征,探讨句子的韵律特征,同时分析动宾/偏正歧义结构韵律与表达的语义间的共变关系。

第1节 实验材料

本书为"V双+N双"歧义结构设计不同情境,利用情境解除歧义,以区分不同语义。选用结构相似、音节数目相等的句子作为语境。如下所示:

句子1:进口彩电非常不错。
情境1:进口彩电比进口摩托车更赚钱、更创收。
回答:进口彩电非常不错。
情境2:虽然进口彩电质量不高,但价格便宜。
回答:进口彩电非常不错。
句子2:组装电脑非常时尚。
情境1:学会组装电脑比学会修理电脑更实用、更流行。
回答:组装电脑非常时尚。
情境2:使用组装的电脑比使用一体式电脑更流行。
回答:组装电脑非常时尚。

第2节 实验结果

为尽量降低发音人的性别、年龄等因素对实验数据的影响,本书对采集的原始数据进行相关处理,采用起伏度、时长比和音量比等数据代替采集数据的绝对值比较,分析数据并提取共性声学特征,以发音合作人的声学参数平均值呈现研究结果。

---

① 邵敬敏,任芝锳,李家树.汉语语法专题研究[M].桂林:广西师范大学出版社,2003.

9.2.1 "进口彩电非常不错"数据分析结果

首先,本书将两种情境下发音人的音高语音数据统计分析后以图形形式呈现研究结果,从而得到"进口彩电非常不错"起伏度平均值图(图9-1)。

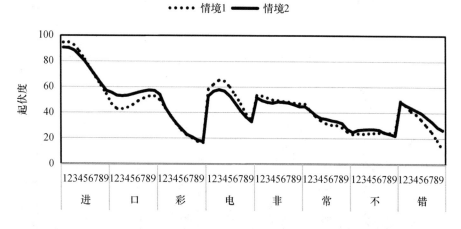

图9-1 不同情境下"进口彩电非常不错"歧义句各字起伏度平均值图

由于在情境1中"进口彩电比进口摩托车更赚钱、更创收",也就是在情境1中,"V双+N双"歧义结构"进口彩电"为动宾结构,"彩电"是动词"进口"的宾语。那么,句首"进口彩电"成为"进口彩电非常不错"这句话要表达的主要内容,也是新信息,成为这句话的话语中心。由图9-1可知,在情境1中,句首"进口彩电"作为这句话的新信息,其中动词"进口"中的去声"进"的音高最高,拥有全句最大的起伏度值。句中词"非常"的最大起伏度值小于句首"进口彩电"的最大起伏度值,但是大于句末词"不错"的最大起伏度值。句首"进口彩电"的音高最低点上声"彩"的最小起伏度值大于句末词"不错"的"错"的最小起伏度值。"进口彩电非常不错"的音高整体呈现下倾的趋势。

由于在情境2中"虽然进口彩电质量不高,但价格便宜",也就是在情境2中,"V双+N双"歧义结构"进口彩电"为偏正结构,"进口"修饰"彩电"。句首"进口彩电"同样成为"进口彩电非常不错"这句话要表达的主要内容,也是新信息,成为这句话的话语中心。由图9-1可知,在情境2中,句首"进口彩电"作为这句话的新信息,其中"进口"中的去声"进"的音高最高,拥有全句最大的起伏度值。句中词"非常"的最大起伏度值小于句首"进口彩电"的最大起伏度值,但是大于句末词"不错"的最大起伏度值。句首"进口彩电"的音高最低点上声"彩"的最小起伏度值小于句末词"不错"的"错"的最小起伏度值。"进口彩电非常不错"的音高整体呈现下倾的趋势。

对比"V双+N双"歧义结构"进口彩电"在情境1、情境2中各字的起伏度可以发现,情境1中的新信息动宾短语"进口彩电"的"进""口""彩""电"四个字中,"进"的起伏度值整体略大于情境2中"进"的起伏度值,"口"的起伏度值整体小于情境2中"口"的起伏度值,"彩"在情境1和情境2中的音高起伏度值基本相等,"电"的起伏度值大于情境2中"电"的起伏度值。也就是"V双+N双"歧义结构为动宾结构时,说话人倾向于抬高动词的音高,这与以往的研究结果一致(张妍,2022)①。总之,在"V双+N双"歧义结构中,对比情境1和情境2中各字的起伏度值,可以发现说话人在不同情境中,利用韵律特征中的音高特征区分不同语义。

然后,本书将两种情境下发音人的音长语音数据统计分析后以图形形式呈现研究结果,从而得到"进口彩电非常不错"时长比平均值图(图9-2)。

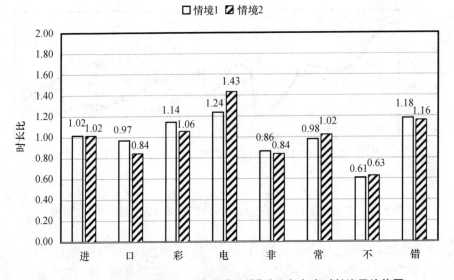

图9-2 不同情境下"进口彩电非常不错"歧义句各字时长比平均值图

由于在情境1中"进口彩电比进口摩托车更赚钱、更创收",也就是在情境1中,"V双+N双"歧义结构"进口彩电"为动宾结构,"彩电"是动词"进口"的宾语。那么,句首"进口彩电"成为"进口彩电非常不错"这句话要表达的主要内容,也是新信息,成为这句话的话语中心。由图9-2可知,在情境1中,句首"进口彩电"作为这句话的新信息,"进""彩"和"电"三个字的时长比均大于1,时长发生延长。其中名词"彩电"中的去声"电"的音长时长比值最大,拥有全句最大的时长比值。因为动宾短语"进口彩电"的末字"电"处于句中短语边界位置,因此末字"电"的音节时长拉长(熊子瑜,2003)②,成为全句最大时长比值。全句第二大时长比值出现在句末词"不错"的"错"字上。

由于在情境2中"虽然进口彩电质量不高,但价格便宜",也就是在情境2中,"V双+N双"歧义结构"进口彩电"为偏正结构,"进口"修饰"彩电"。那么,句首"进口彩电"成为"进口彩电非常不错"这句话要表达的主要内容,也是新信息,成为这句话的话语中心。由图9-2可知,在情境2中,句首"进口彩电"作为这句话的新信息,"进""彩"和"电"三个字的时长比均大于1,时长发生延长。其中名词"彩电"中的去声"电"的音长时长比值最大,其时长比值为1.43,拥有全句最大的时长比值。因为偏正短语

---

① 张妍.普通话四字组声调音高特征分析[J].实验语言学,2022(3):23-34.
② 熊子瑜.韵律单元边界特征的声学语音学研究[J].语言文字应用,2003(2):116-121.

"进口彩电"的中心词"彩电"的末字"电"处于句中短语边界位置,因此末字"电"的音节时长拉长,成为全句最大时长比值。全句第二大时长比值出现在句末词"不错"的"错"字上。

对比"V双+N双"歧义结构"进口彩电"在情境1、情境2中各字的时长比值可以发现,情境1中的新信息动宾短语"进口彩电"中"进"的时长比值与情境2中"进"的时长比值相等,"口"和"彩"的时长比值大于情境2中"口"和"彩"的时长比值。情境1中"电"的时长比值小于情境2中"电"的时长比值。也就是"V双+N双"歧义结构为动宾结构时,说话人倾向于延长动词的音长,以及双音节名词的第一个音节。然而,当"V双+N双"歧义结构为偏正结构时,说话人倾向于延长中心名词的第二音节时长。总之,在"V双+N双"歧义结构中,对比情境1和情境2中各字的时长比值,可以发现说话人在不同情境中,利用韵律特征中的音长特征区分不同语义。

最后,本书将两种情境下发音人的音强语音数据统计分析后以图形形式呈现研究结果,从而得到"进口彩电非常不错"音量比平均值图(图9-3)。

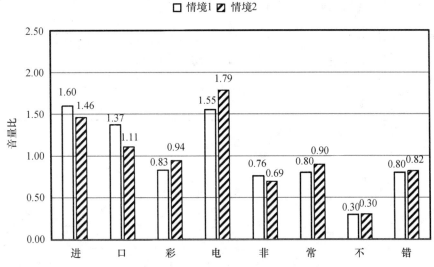

图9-3 不同情境下"进口彩电非常不错"歧义句各字音量比平均值图

由于在情境1中"进口彩电比进口摩托车更赚钱、更创收",也就是在情境1中,"V双+N双"歧义结构"进口彩电"为动宾结构,名词"彩电"是动词"进口"的宾语。那么,句首"进口彩电"成为"进口彩电非常不错"这句话要表达的主要内容,也是新信息,成为这句话的话语中心。由图9-3可知,在情境1中,句首"进口彩电"作为这句话的新信息,"进""口"和"电"三个字的音量比均大于1,音强出现增幅。其中双字组动词"进口"中的去声"进"的音强音量比值最大,拥有全句最大的音量比值。全句第二大音量比值出现在"进口彩电"的名词"彩电"的末字"电"上。

由于在情境2中"虽然进口彩电质量不高,但价格便宜",也就是在情境2中,"V双+N双"歧义结构"进口彩电"为偏正结构,"进口"修饰"彩电"。那么,句首"进口彩电"成为"进口彩电非常不错"这句话要表达的主要内容,也是新信息,成为这句话的话语中心。由图9-3可知,在情境2中,句首"进口彩电"作为这句话的新信息,"进""口"和"电"三个字的音量比均大于1,音强出现增幅。其中偏正结构"进口彩电"的中心语名词"彩电"的"电"音强音量比值最大,拥有全句最大的音量比值。全句第二大音量比值出现在"进口彩电"的修饰语"进口"的首字"进"。

对比"V双+N双"歧义结构"进口彩电"在情境1、情境2中各字的音量比值可以发现,情境1中的新信息动宾短语"进口彩电"中动词"进口"的音量比值大于情境2中"进口"的音量比值,这一结果与"动宾结构的首音节的音强比其他语法结构更强"的结论一致(张妍,2020)[①]。同时,情境2中偏正短语"进口彩电"的中心语"彩电"的音量比值均大于情境1中"彩电"的音量比值。也就是当"V双+N双"歧义结构为偏正结构时,说话人倾向于增强中心名词的音强,尤其是第二音节音强。总之,在"V双+N双"歧义结构中,对比情境1和情境2中各字的音量比值,可以发现说话人在不同情境中,利用韵律特征中的音强特征区分不同语义。

9.2.2 "组装电脑非常时尚"数据分析结果

首先,本书将两种情境下发音人的音高语音数据统计分析后以图形形式呈现研究结果,从而得到"组装电脑非常时尚"起伏度平均值图(图9-4)。

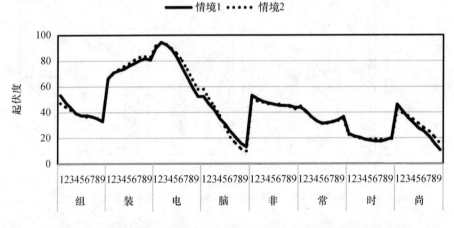

图9-4 不同情境下"组装电脑非常时尚"歧义句各字起伏度平均值图

由于在情境1中"学会组装电脑比学会修理电脑更实用、更流行",也就是在情境1中,"V双+N双"歧义结构"组装电脑"为动宾结构,名词"电脑"是动词"组装"的宾语。那么,句首"组装电脑"成为"组装电脑非常时尚"这句话要表达的主要内容,也是新信息,成为这句话的话语中心。由图9-4可知,在情境1中,句首"组装"成为这句话的新信息,其中名词"电脑"中的去声"电"的音高最高,拥有全句最大的起伏度值。句中词"非常"的最大起伏度值小于句首"组装电脑"的最大起伏度值,但是大于句末词"时尚"

[①] 张妍.普通话双字组声调语音韵律特征分析[J].唐山学院学报,2020,33(5):44-50.

的最大起伏度值。句首"组装电脑"的音高最低点上声"电"的最小起伏度值大于句末词"时尚"的"尚"的最小起伏度值。"组装电脑非常时尚"的音高整体呈现下倾的趋势。

由于在情境2中"使用组装的电脑比使用一体式电脑更流行",也就是在情境2中,"V双+N双"歧义结构"组装"为偏正结构,"组装"修饰"电脑"。句首"组装电脑"同样成为"组装电脑非常时尚"这句话要表达的主要内容,也是新信息,成为这句话的话语中心。由图9-4可知,在情境2中,句首"组装电脑"作为这句话的新信息,其中名词"电脑"中的去声"电"的音高最高,拥有全句最大的起伏度值。句中词"非常"的最大起伏度值小于句首"组装电脑"的最大起伏度值,但是大于句末词"时尚"的最大起伏度值。句首"组装电脑"的音高最低点上声"脑"的最小起伏度值小于句末词"时尚"的"尚"的最小起伏度值。"组装电脑非常时尚"的音高整体呈现下倾的趋势。

对比"V双+N双"歧义结构"组装"在情境1、情境2中各字的起伏度可以发现,情境1中的新信息动宾短语"组装电脑"的四个字中,"组"的起伏度值整体略大于情境2中"组"的起伏度值,"装"的起伏度值整体低于情境2中"装"的起伏度值,"电"的起伏度值整体低于情境2中"电"的起伏度值,"脑"的起伏度值大于情境2中"脑"的起伏度值。也就是当"V双+N双"歧义结构为动宾结构时,说话人倾向于抬高双音节动词首字的音高,这与以往的研究结果一致(张妍,2022)[1],当"V双+N双"歧义结构为偏正结构时,说话人倾向于抬高双音节名词首字的音高。总之,在"V双+N双"歧义结构中,对比情境1和情境2中各字的起伏度值,可以发现说话人在不同情境中,利用韵律特征中的音高特征区分不同语义。

然后,本书将两种情境下发音人的音长语音数据统计分析后以图形形式呈现研究结果,从而得到"组装电脑非常时尚"时长比平均值图(图9-5)。

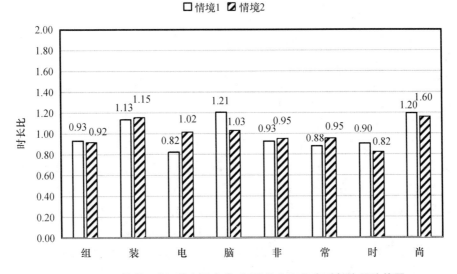

图9-5 不同情境下"组装电脑非常时尚"歧义句各字时长比平均值图

---

[1] 张妍. 普通话四字组声调音高特征分析[J]. 实验语言学,2022(3):23-34.

由于在情境1中"学会组装电脑比学会修理电脑更实用、更流行",也就是在情境1中,"V双+N双"歧义结构"组装电脑"为动宾结构,"电脑"是动词"组装"的宾语。那么,句首"组装电脑"成为"组装电脑非常时尚"这句话要表达的主要内容,也是新信息,成为这句话的话语中心。由图9-5可知,在情境1中,句首"组装电脑"作为这句话的新信息,"组装"的"装"和"电脑"的"脑"两个字的时长比均大于1,时长发生延长。其中名词"电脑"中的"脑"的音长时长比值最大,为1.21,拥有全句最大的时长比值。因为动宾短语"组装电脑"的末字"脑"处于句中短语边界位置,因此末字"脑"的音节时长拉长,成为全句最大时长比值。句末最后一个词,受自然重音的影响,时长大幅度加长(黄彩玉,2012)①。因此全句第二大时长比值出现在句末词"时尚"的"尚",其时长比值为1.20。

由于在情境2中"使用组装的电脑比使用一体式电脑更流行",也就是在情境2中,"V双+N双"歧义结构"组装电脑"为偏正结构,"组装"修饰"电脑"。那么,句首"组装电脑"成为"组装电脑非常时尚"这句话要表达的主要内容,也是新信息,成为这句话的话语中心。由图9-5可知,在情境2中,句首"组装电脑"作为这句话的新信息,"组装"的"装"、"电脑"的"电"和"脑"三个字的时长比均大于1,时长发生延长。其中"组装"中的"装"的音长时长比值最大,为1.15。因为偏正短语"组装电脑"的中心词"电脑"的末字"脑"处于句中短语边界位置,因此末字"脑"的音节时长拉长,时长比值为1.03。全句最大时长比值出现在句末词"时尚"的末字"尚",其时长比值为1.60。

对比"V双+N双"歧义结构"组装电脑"在情境1、情境2中各字的时长比值可以发现,情境1中的新信息动宾短语"组装电脑"中动词"组装"的"组"的时长比值比情境2中"组"的时长比值略大。情境1中"装"和"电"的时长比值小于情境2中"装"和"电"的时长比值。情境1中"脑"的时长比值大于情境2中"脑"的时长比值。也就是"V双+N双"歧义结构为动宾结构时,说话人倾向于延长双音节动词首字的音长,以及双音节名词的末字的音长。然而,当"V双+N双"歧义结构为偏正结构时,说话人倾向于延长双音节修饰语第二音节的音长,以及双音节名词第一音节的时长。总之,在"V双+N双"歧义结构中,对比情境1和情境2中各字的时长比值,可以发现说话人在不同情境中,利用韵律特征中的音长特征区分不同语义。

最后,本书将两种情境下发音人的音强语音数据统计分析后以图形形式呈现研究结果,从而得到"组装电脑非常时尚"音量比平均值图(图9-6)。

由于在情境1中"学会组装电脑比学会修理电脑更实用、更流行",也就是在情境1中,"V双+N双"歧义结构"组装电脑"为动宾结构,名词"电脑"是动词"组装"的宾语。那么,句首"组装"成为"组装电脑非常时尚"这句话要表达的主要内容,也是新信息,成为这句话的话语中心。由图9-6可知,在情境1中,句首"组装电脑"作为这句话的新信息,"组装"的"装"、"电脑"的"电"两字的音量比均大于1,音强出现增幅。其中双字组动词"组装"中"装"的音强最大,其音量比值为2.02,拥有全句最大的音量比值。全句第二大音量比值出现在"组装电脑"的名词"电脑"的首字"电"上。

---

① 黄彩玉."V双+N双"歧义结构的实验语音学分析[J].语言教学与研究,2012(3):98-104.

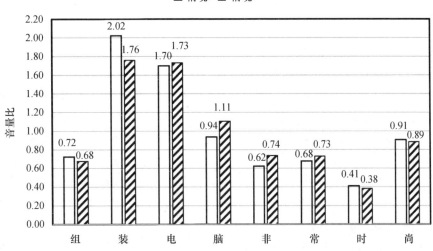

图 9-6　不同情境下"组装电脑非常时尚"歧义句各字音量比平均值图

由于在情境 2 中"使用组装的电脑比使用一体式电脑更流行",也就是在情境 2 中,"V双+N双"歧义结构"组装电脑"为偏正结构,"组装"修饰"电脑"。那么,句首"组装电脑"成为"组装电脑非常时尚"这句话要表达的主要内容,也是新信息,成为这句话的话语中心。由图 9-6 可知,在情境 2 中,句首"组装电脑"作为这句话的新信息,"组装"的"装"、"电脑"的"电"两个字的音量比均大于 1,音强出现增幅。其中偏正结构"组装电脑"的修饰语"组装"的"装"音强音量比值最大,拥有全句最大的音量比值 1.76。全句第二大音量比值出现在"组装电脑"的中心语名词"电脑"的首字"电"。

对比"V双+N双"歧义结构"组装电脑"在情境 1、情境 2 中各字的音量比值可以发现,情境 1 中的新信息动宾短语"组装电脑"中动词"组装"的音量比值大于情境 2 中"组装"的音量比值,这一结果与"动宾结构的首音节的音强比其他语法结构更强"的结论一致(张妍,2020)[1]。同时,情境 2 中偏正短语"组装电脑"的中心语"电脑"的音量比值均大于情境 1 中"电脑"的音量比值。也就是当"V双+N双"歧义结构为动宾结构时,说话人倾向于增强动词的音强,尤其是第二音节的音强。当"V双+N双"歧义结构为偏正结构时,说话人倾向于增强中心名词的音强,尤其是第二音节的音强。总之,在"V双+N双"歧义结构中,对比情境 1 和情境 2 中各字的音量比值,可以发现说话人在不同情境中,利用韵律特征中的音强特征区分不同语义。

第 3 节　结 果 讨 论

首先,从音高角度来看,在不同情境下,说话人在表达"V双+N双"歧义结构的不

---

[1] 张妍.普通话双字组声调语音韵律特征分析[J].唐山学院学报,2020,33(5):44-50.

同语义时,从音高起伏度方面做出了区分。也就是当"V双+N双"歧义结构表现为动宾结构时,抬高双音节动词首字的音高,这与以往的研究结果一致(张妍,2022)[①],当"V双+N双"歧义结构为偏正结构时,说话人倾向于抬高双音节名词首字的音高。这说明说话人在特定情境下,表达"V双+N双"歧义结构的不同语义时,使用了音高韵律特征对"V双+N双"歧义结构的不同语义进行区分。

其次,从音长角度来看,在不同情境下,说话人在表达"V双+N双"歧义结构不同语义时,从音长时长比方面做出了区分。也就是当"V双+N双"歧义结构为动宾结构时,说话人倾向于延长双音节动词首字的音长,以及双音节名词末字的音长。然而,当"V双+N双"歧义结构为偏正结构时,说话人倾向于延长双音节修饰语第二音节的音长,以及双音节名词第一音节的时长。本书的研究结果支持偏正结构比动宾结构紧的结论(柯航,2012)[②]。这说明说话人在特定情境下,表达"V双+N双"歧义结构的不同语义时,使用了音长韵律特征对"V双+N双"歧义结构的不同语义进行区分。

最后,从音强角度来看,在不同情境下,说话人在表达"V双+N双"歧义结构的不同语义时,从音强音量比方面做出了区分。也就是当"V双+N双"歧义结构为动宾结构时,说话人倾向于增强动词的音强,尤其是第二音节的音强。当"V双+N双"歧义结构为偏正结构时,说话人倾向于增强中心名词的音强,尤其是第二音节的音强。这说明说话人在特定情境下,表达"V双+N双"歧义结构的不同语义时,使用了音强韵律特征对"V双+N双"歧义结构的不同语义进行区分。也就是,增强歧义结构中新信息的音强。

本书通过在不同情境下,对"V双+N双"歧义结构不同情境下具有不同语义的实验句声学数据(起伏度、时长比和音量比)进行对比分析,发现说话人在表达"V双+N双"歧义结构不同语义时语音上有明确的区别。突出表现在说话人利用不同的韵律特征表达"V双+N双"歧义结构的不同语义。这表明,说话人在不同情境下表达"V双+N双"歧义结构不同语义的时候,已经意识到该歧义结构中的歧义成分,并能够在不同情境下通过运用不同的语音韵律形式,把想表达的不同语义利用语音韵律特征区分出来。

---

① 张妍. 普通话四字组声调音高特征分析[J]. 实验语言学,2022(3):23-34.
② 柯航. 现代汉语单双音节搭配研究[M]. 北京:商务印书馆,2012.

第10章　同位/偏正句法解歧韵律分析

"人称代词与指人名词"的某些组合会产生歧义,如"我们经理",在没有特定的语境限制时,这个组合既可理解为"我们的经理"(偏正结构),也可以理解为"我们这些做经理的人"(同位结构)。此外,"指人名词与指人名词"的某些组合也会产生歧义,如"教授朋友",在没有特定的语境限制时,这个组合既可理解为"教授的朋友"(偏正结构),也可以理解为"我们的一些做教授的朋友"(同位结构)。本节以同位/偏正歧义结构为考察对象,以"我们父母"和"教授朋友"为例,通过声学实验和数据统计分析,结合句子的语义特征,探讨句子的韵律特征,同时分析同位/偏正歧义结构韵律与表达的语义间的共变关系。

第1节　实验材料

本书为"我们父母"和"教授朋友"设计不同情境,利用情境解除歧义,以区分不同语义。选用结构相似、音节数目相等的句子作为语境。如下所示:
句子1:我们父母非常棒。
情境1:我们作为父母表现非常棒。
回答:我们父母非常棒。
情境2:我们的父母表现非常棒。
回答:我们父母非常棒。
句子2:教授朋友非常棒。
情境1:教授作为朋友表现非常棒。
回答:教授朋友非常棒。
情境2:教授的朋友表现非常棒。
回答:教授朋友非常棒。

第2节　实验结果

为尽量降低发音人的性别、年龄等因素对实验数据的影响,本书对采集的原始数据进行相关处理,采用起伏度、时长比和音量比等数据代替采集数据的绝对值比较,分析数据并提取共性声学特征,以发音合作人的声学参数平均值呈现研究结果。

10.2.1 "我们父母非常棒"数据分析结果

首先,本书将两种情境下发音人的音高语音数据统计分析后以图形形式呈现研究结果,从而得到"我们父母非常棒"起伏度平均值图(图10-1)。

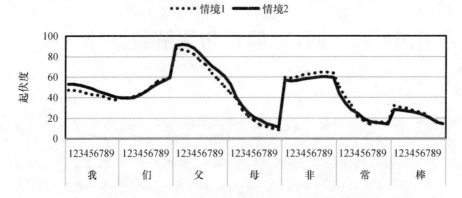

图10-1 不同情境下"我们父母非常棒"歧义句各字起伏度平均值图

由于情境1设定为"我们作为父母表现非常棒",也就是在情境1中,"人称代词与指人名词"歧义结构"我们父母"为同位结构,"我们"就是"父母"。在句子"我们父母非常棒"中,同位结构"我们父母"做主语。由图10-1可知,在情境1中,主语"我们父母"的音高起伏度最大值出现在"父",音高起伏度最小值出现在"母"的末尾。"非常"的音高起伏度最大值小于"我们父母"的音高起伏度最大值,但是大于句末词"棒"的音高起伏度值。"我们父母非常棒"的音高整体呈现下倾的趋势。

由于情境2设定为"我们的父母表现非常棒",也就是在情境2中,"人称代词与指人名词"歧义结构"我们父母"为偏正结构,"我们"修饰"父母"。在句子"我们父母非常棒"中,偏正结构"我们父母"做主语。由图10-1可知,在情境2中,主语"我们父母"的音高起伏度最大值出现在"父",音高起伏度最小值出现在"母"的末尾。"非常"的音高起伏度最大值小于"我们父母"的音高起伏度最大值,但是大于句末词"棒"的音高起伏度值。"我们父母非常棒"的音高整体呈现下倾的趋势。

对比"人称代词与指人名词"歧义结构"我们父母"在情境1、情境2中各字的起伏度可以发现,情境1中同位结构"我们父母"的"我"的起伏度值整体略小于情境2中"我"的起伏度值;"们"的起伏度值与情境2中"们"的起伏度值大体相等;"父"的起伏度值整体略小于情境2中"父"的起伏度值;"母"的起伏度值整体略小于情境2中"母"的起伏度值。也就是"人称代词与指人名词"歧义结构为偏正结构时,说话人倾向于抬高修饰语中第一个音节的音高及中心语的音高。总之,在"人称代词与指人名词"歧义结构中,对比情境1和情境2中各字的起伏度值,可以发现说话人在不同情境中,利用韵律特征中的音高特征区分不同语义。

然后,本书将两种情境下发音人的音长语音数据统计分析后以图形形式呈现研究结果,从而得到"我们父母非常棒"时长比平均值图(图10-2)。

由于情境1设定为"我们作为父母表现非常棒",也就是在情境1中,"人称代词与指人名词"歧义结构"我们父母"为同位结构,"我们"就是"父母"。在句子"我们父母非常棒"中,同位结构"我们父母"做主语。由图10-2可知,在情境1中,主语"我们父母"

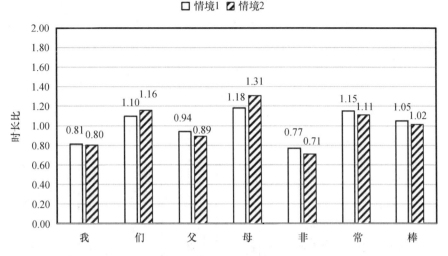

图 10-2　不同情境下"我们父母非常棒"歧义句各字时长比平均值图

中"我们"的"们"和"父母"的"母"时长比均超过1,音长出现延长。其中音长时长比最大值出现在"母",时长比为1.18。

由于情境2设定为"我们的父母表现非常棒",也就是在情境2中,"人称代词与指人名词"歧义结构"我们父母"为偏正结构,"我们"修饰"父母"。在句子"我们父母非常棒"中,偏正结构"我们父母"做主语。由图10-2可知,在情境2中,主语"我们父母"中"我们"的"们"和"父母"的"母"时长比均超过1,音长出现延长。其中音长时长比最大值出现在"母",时长比为1.31。

对比"人称代词与指人名词"歧义结构"我们父母"在情境1、情境2中各字的时长比可以发现,情境1中同位结构"我们父母"的"我"的时长比值整体略大于情境2中"我"的时长比值;"们"的时长比值略小于情境2中"们"的时长比值;"父"的时长比值略大于情境2中"父"的时长比值;"母"的时长比值略小于情境2中"母"的时长比值。也就是当"人称代词与指人名词"歧义结构为偏正结构时,说话人倾向于延长修饰语中第二个音节的音长及中心语的第二个音节的音长。总之,在"人称代词与指人名词"歧义结构中,对比情境1和情境2中各字的时长比值,可以发现说话人在不同情境中,利用韵律特征中的音长特征区分不同语义。

最后,本书将两种情境下发音人的音强语音数据统计分析后以图形形式呈现研究结果,从而得到"我们父母非常棒"音量比平均值图(图10-3)。

由于情境1设定为"我们作为父母表现非常棒",也就是在情境1中,"人称代词与指人名词"歧义结构"我们父母"为同位结构,"我们"就是"父母"。在句子"我们父母非常棒"中,同位结构"我们父母"做主语。由图10-3可知,在情境1中,主语"我们父母"中"我们"的"我"和"们"音量比均超过1,音强增强。但是"父母"的音量比小于1,未出现音强增强的现象。其中音量比最大值出现在"我们"的"们",音量比为1.25。

由于情境2设定为"我们的父母表现非常棒",也就是在情境2中,"人称代词与指

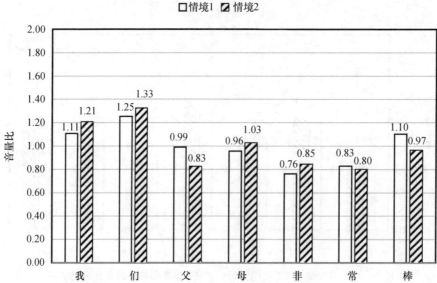

图 10-3　不同情境下"我们父母非常棒"歧义句各字音量比平均值图

人名词"歧义结构"我们父母"为偏正结构,"我们"修饰"父母"。在句子"我们父母非常棒"中,偏正结构"我们父母"做主语。由图10-3可知,在情境2中,主语"我们父母"中"我们"和"父母"的"母"音量比均超过1,音强增强。其中全句音量比最大值出现在"我们"的"们",音量比为1.33。

对比"人称代词与指人名词"歧义结构"我们父母"在情境1、情境2中各字的音量比可以发现,情境1中同位结构"我们父母"的"我"的音量比值小于情境2中"我"的音量比值;"们"的音量比值小于情境2中"们"的音量比值;"父"的音量比值大于情境2中"父"的音量比值;"母"的音量比值小于情境2中"母"的音量比值。也就是当"人称代词与指人名词"歧义结构为偏正结构时,说话人倾向于增强修饰语及中心语的第二个音节的音强。总之,在"人称代词与指人名词"歧义结构中,对比情境1和情境2中各字的音量比值,可以发现说话人在不同情境中,利用韵律特征中的音强特征区分不同语义。

10.2.2　"教授朋友非常棒"数据分析结果

首先,本书将两种情境下发音人的音高语音数据统计分析后以图形形式呈现研究结果,从而得到"教授朋友非常棒"起伏度平均值图(图10-4)。

由于情境1设定为"教授作为朋友表现非常棒",也就是在情境1中,"指人名词与指人名词"歧义结构"教授朋友"为同位结构,"朋友"就是"教授"。在句子"教授朋友非常棒"中,同位结构"教授朋友"做主语。由图10-4可知,在情境1中,主语"教授"的音高起伏度最大值出现在"教",音高起伏度最小值出现在"朋友"的"朋"。"非常"的音高起伏度最大值小于"教授朋友"的音高起伏度最大值,但是大于句末词"棒"的音高起伏

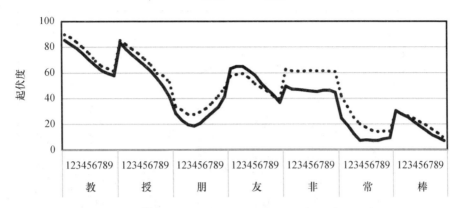

图 10-4　不同情境下"教授朋友非常棒"歧义句各字起伏度平均值图

度值。情境1中"教授朋友非常棒"的音高整体呈现下倾的趋势。

由于情境2设定为"教授的朋友表现非常棒",也就是在情境2中,"指人名词与指人名词"歧义结构"教授朋友"为偏正结构,"教授"修饰"朋友"。在句子"教授朋友非常棒"中,偏正结构"教授朋友"做主语,其中"朋友"是中心语。由图10-4可知,在情境1中,主语"教授朋友"的音高起伏度最大值出现在"教",音高起伏度最小值出现在"朋友"的"朋"。"非常"的音高起伏度最大值小于"教授"的音高起伏度最大值,但是大于句末词"棒"的音高起伏度值。情境2中"教授朋友非常棒"的音高整体呈现下倾的趋势。

对比"指人名词与指人名词"歧义结构"教授朋友"在情境1、情境2中各字的起伏度可以发现,情境1中同位结构"教授朋友"的"教"的起伏度值整体略大于情境2中"教"的起伏度值;"授"的起伏度值整体大于情境2中"授"的起伏度值;"朋"的起伏度值整体大于情境2中"朋"的起伏度值;"友"的起伏度值整体略小于情境2中"友"的起伏度值。也就是当"指人名词与指人名词"歧义结构为同位结构时,说话人倾向于抬高同位语结构第一部分双音节词的音高;当"指人名词与指人名词"歧义结构为偏正结构时,说话人倾向于抬高中心语第二个音节的音高。总之,在"指人名词与指人名词"歧义结构中,对比情境1和情境2中各字的起伏度值,可以发现说话人在不同情境中,利用韵律特征中的音高特征区分不同语义。

然后,本书将两种情境下发音人的音长语音数据统计分析后以图形形式呈现研究结果,从而得到"教授朋友非常棒"时长比平均值图(图10-5)。

由于情境1设定为"教授作为朋友表现非常棒",也就是在情境1中,"指人名词与指人名词"歧义结构"教授朋友"为同位结构,"朋友"就是"教授"。在句子"教授朋友非常棒"中,同位结构"教授朋友"做主语。由图10-5可知,在情境1中,主语"教授朋友"中"教授"的"授"和"朋友"的"友"时长比均超过1,音长出现延长。其中音长时长比最大值出现在"授",时长比为1.23。

由于情境2设定为"教授的朋友表现非常棒",也就是在情境2中,"指人名词与指

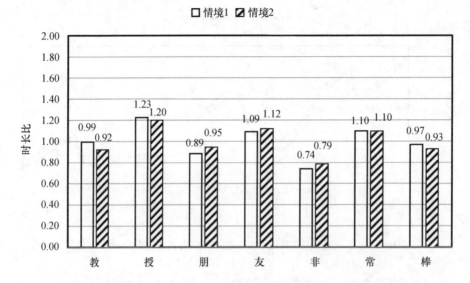

图 10-5　不同情境下"教授朋友非常棒"歧义句各字时长比平均值图

人名词"歧义结构"教授朋友"为偏正结构,"教授"修饰"朋友"。在句子"教授朋友非常棒"中,偏正结构"教授朋友"做主语,其中"朋友"是中心语。由图 10-5 可知,在情境 2 中,主语"教授朋友"中"教授"的"授"和"朋友"的"友"时长比均超过 1,音长出现延长。其中音长时长比最大值出现在"授",时长比为 1.20。

对比"指人名词与指人名词"歧义结构"教授朋友"在情境 1、情境 2 中各字的时长比可以发现,情境 1 中同位结构"教授朋友"的"教"和"授"两字的时长比值整体略大于情境 2 中"教"和"授"两字时长比值;而"朋"和"友"的时长比值略小于情境 2 中"朋"和"友"的时长比值。也就是当"指人名词与指人名词"歧义结构为同位结构时,说话人倾向于延长同位语结构第一部分双音节词的音长;当"指人名词与指人名词"歧义结构为偏正结构时,说话人倾向于延长中心语双音节词的两字音长。总之,在"指人名词与指人名词"歧义结构中,对比情境 1 和情境 2 中各字的时长比值,可以发现说话人在不同情境中,利用韵律特征中的音长特征区分不同语义。

最后,本书将两种情境下发音人的音强语音数据统计分析后以图形形式呈现研究结果,从而得到"教授朋友非常棒"音量比平均值图(图 10-6)。

由于情境 1 设定为"教授作为朋友表现非常棒",也就是在情境 1 中,"指人名词与指人名词"歧义结构"教授朋友"为同位结构,"朋友"就是"教授"。在句子"教授朋友非常棒"中,同位结构"教授朋友"做主语。由图 10-6 可知,在情境 1 中,主语"教授朋友"中"教授"的"教"和"授"音量比均超过 1,音强增强。"朋友"的"朋"音量比小于 1,未出现音强增强的现象,"友"音量比超过 1,音强增强。其中音量比最大值出现在"教授"的"教",音量比为 1.54。

由于情境 2 设定为"教授的朋友表现非常棒",也就是在情境 2 中,"指人名词与指人名词"歧义结构"教授朋友"为偏正结构,"教授"修饰"朋友"。在句子"教授朋友非常

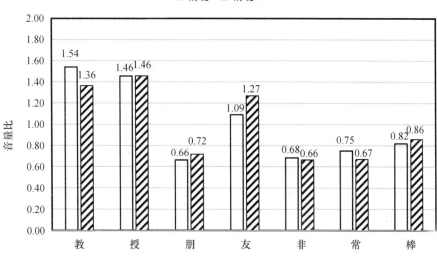

图 10-6　不同情境下"教授朋友非常棒"歧义句各字音量比平均值图

棒"中,偏正结构"教授朋友"做主语,其中"朋友"是中心语。由图 10-6 可知,在情境 2 中,主语"教授朋友"中"教授"和"朋友"的"友"音量比均超过 1,音强增强。其中音强音量比最大值出现在"教授"的"授",音量比为 1.46。

对比"指人名词与指人名词"歧义结构"教授朋友"在情境 1、情境 2 中各字的音量比可以发现,情境 1 中同位结构"教授朋友"的"教"的音量比值大于情境 2 中"教"的音量比值;"授"的音量比值与情境 2 中"授"的音量比值相等;"朋"的音量比值小于情境 2 中"朋"的音量比值;"友"的音量比值也小于情境 2 中"友"的音量比值。也就是当"指人名词与指人名词"歧义结构为同位结构时,说话人倾向于增强同位语结构第一部分双音节词的音强;当"指人名词与指人名词"歧义结构为偏正结构时,说话人倾向于增强中心语的音强。总之,在"指人名词与指人名词"歧义结构中,对比情境 1 和情境 2 中各字的音量比值,可以发现说话人在不同情境中,利用韵律特征中的音强特征区分不同语义。

第 3 节　结 果 讨 论

首先,从音高角度来看,在不同情境下,说话人在表达"人称代词与指人名词"歧义结构和"指人名词与指人名词"歧义结构的不同语义时,在音高起伏度方面做出了区分。也就是当"人称代词与指人名词"歧义结构和"指人名词与指人名词"歧义结构为同位结构时,说话人倾向于抬高同位结构第一部分的音高。当"人称代词与指人名词"歧义结构和"指人名词与指人名词"歧义结构为偏正结构时,说话人倾向于抬高偏正结构中心语部分的音高。这说明说话人在特定情境下,表达"人称代词与指人名词"歧义结构和"指人名词与指人名词"歧义结构的不同语义时,使用了音高韵律特征对"人称代词与指人名词"歧义结构和"指人名词与指人名词"歧义结构的不同语义进行区分。

其次,从音长角度来看,在不同情境下,说话人在表达"人称代词与指人名词"歧义结构和"指人名词与指人名词"歧义结构不同语义时,从音长时长比方面做出了区分。也就是当"人称代词与指人名词"歧义结构和"指人名词与指人名词"歧义结构为同位结构时,说话人倾向于延长同位结构第一部分双音节词的音长。当"人称代词与指人名词"歧义结构和"指人名词与指人名词"歧义结构为偏正结构时,说话人倾向于延长偏正结构中心语部分的音长。这说明说话人在特定情境下,表达"人称代词与指人名词"歧义结构和"指人名词与指人名词"歧义结构的不同语义时,使用了音长韵律特征对"人称代词与指人名词"歧义结构和"指人名词与指人名词"歧义结构的不同语义进行区分。

最后,从音强角度来看,在不同情境下,说话人在表达"人称代词与指人名词"歧义结构和"指人名词与指人名词"歧义结构不同语义时,从音强音量比方面做出了区分。也就是当"人称代词与指人名词"歧义结构和"指人名词与指人名词"歧义结构为同位结构时,说话人倾向于增强同位结构第一部分双音节词的音强。当"人称代词与指人名词"歧义结构和"指人名词与指人名词"歧义结构为偏正结构时,说话人倾向于增强偏正结构中心语部分的音强。根据"一个语言成分负载的意义或功能的增多表现为语音充盈度的增量叠加;而一个语言成分的话音充盈度的增量反映所负载的意义或功能的增加"(石锋,2019)①,这说明说话人在特定情境下,表达"人称代词与指人名词"歧义结构和"指人名词与指人名词"歧义结构的不同语义时,使用了音强韵律特征对"人称代词与指人名词"歧义结构和"指人名词与指人名词"歧义结构的不同语义进行区分。

本书通过对"人称代词与指人名词"歧义结构和"指人名词与指人名词"歧义结构不同情境下具有不同语义的实验句声学数据(起伏度、时长比和音量比)进行对比分析,发现说话人在表达"人称代词与指人名词"歧义结构和"指人名词与指人名词"歧义结构不同语义时语音上有明确的区别。突出表现在说话人利用不同的韵律特征表达"人称代词与指人名词"歧义结构和"指人名词与指人名词"歧义结构的不同语义。这表明,说话人在不同情境下表达"人称代词与指人名词"歧义结构和"指人名词与指人名词"歧义结构不同语义的时候,已经意识到该歧义结构中的歧义成分,并能够在不同情境下通过运用不同的语音韵律形式,把想表达的不同语义利用语音韵律特征区分出来。

---

① 石锋.韵律格局:理念和方法[J].实验语言学,2019(2):1-8.

第 11 章 结 语

2017年7月,国务院印发《新一代人工智能发展规划》的通知,将人工智能发展提升为国家战略。智能语音技术是人工智能产业链上的关键一环,是实现人工智能的重要方式。确定解除歧义的语音韵律表现对于实时有效完成言语沟通和厘清语言逻辑结构具有重要意义。本书从语音和句法相互作用的关系出发,利用韵律和句法的接口,研究汉语解除歧义的语音韵律实现。

歧义句可以有两种或多种理解,每种理解的焦点是不同的,在具体的语境当中,听者可以通过焦点的形式标志抓住焦点,再根据焦点做出一种相应的理解,从而准确地把握语句的含义。焦点是说话人所要表达的信息重点,是进行交际的兴趣中心,焦点的选择要由说话人的心理因素决定,因此焦点的位置是任意的,它总要用一个比较明显的形式把这个焦点表示出来,以便听者接受这个焦点,理解它的真正意图,从而使交际活动进行下去。在口语中,焦点的形式标志是重音。例如,"他是打篮球的"这句话,在回答"谁是打篮球的?"时重音必然落在"他"字上;在回答"他是干什么的?"时重音就会落在"打篮球的"上。重音在书面语中反映不出来,但可以通过语音韵律表现出来。

依据韵律要素在语言中的主导作用,人类语言大致可以划分为声调语言、音高重音语言、力重音语言。例如,汉语是声调语言的代表,日语则是音高重音语言的代表,印欧语中的英语是力重音语言的代表。这三类语言中韵律三要素的互动关系有一定的差异。例如,在对重音语言进行分析的时候,欧美学者往往只对音高进行分析,而忽略音强和音长的分析,问题不大,仍然能解决很多问题。但是,汉语句子虽然基本形式多以音高为主导,但是音强可能因为跟不上变化而掉队。所以,在分析汉语句子时要把眼界扩大,不能只局限于音高分析,要改变以欧美研究为中心的观念(石锋,2019)[①]。

研究英语的学者一般认为音高、音长和音强三要素是同步变化的,原因在于英语的重音通常是音高、音强统一变化,通常的表现就是:音高提升,伴随着音强增大和音长增加。他们在语调研究及焦点重音研究中大多只做音高分析,对音长和音强分析较少,匆匆带过。语调研究和韵律分析不能只看音高,需要音长、音强、音高一起考察。

第 1 节 主 要 结 论

本书利用语音和句法的关系,运用实验研究范式研究句法歧义的语音实现,佐证基本结论,系统梳理汉语韵律解歧问题,探究语音、语义和语法之间的关系。

首先,本书对结构层次歧义("得"字句、"也"字句、"的"字句和"和"字句)及结构

---

① 石锋.韵律格局:理念和方法[J].实验语言学,2019(2):1-8.

关系歧义(动宾/偏正和同位/偏正歧义结构)的韵律特征(音高、音长和音强)进行了实验分析,主要发现为:

(1)说话人利用不同的韵律特征表达结构层次歧义和结构关系歧义的不同语义。例如,当"N1 + 的 + N2 + 和 + N3"歧义结构表现为"N1 + 的 + 'N2 + 和 + N3'"的并列结构时,说话人通过对第一个新信息中 N1 和 N3 的音高抬高、音长延长、音强增强来表达。这表明,说话人在不同情境下表达结构关系歧义的不同语义的时候,能够运用不同的语音韵律形式,把想表达的不同语义区分出来。

(2)说话人在表达结构层次歧义和结构关系歧义的不同语义时,韵律三要素表现整体一致,但细节不同。说话人表达在结构层次歧义的不同语义时,韵律三要素音高、音长、音强均呈现出焦点新信息或话语中心处的韵律增强。具体变现为音高抬高、音长延长和音强增强。但是说话人在表达结构关系歧义的不同语义时,韵律三要素音高、音长、音强中,音高的表现与音长和音强的表现不一致。焦点新信息或话语中心处音长延长和音强增强明显,但是音高抬高不明显或与音长延长、音强增强位置不一致。

(3)说话人在表达结构层次歧义和结构关系歧义的不同语义时,可以自发而稳定地产出韵律解歧线索。本书对说话人表达结构层次歧义和结构关系歧义不同语义时的语音韵律特征进行了深入的实验研究。结果发现歧义结构的语音韵律特征整体表现较为稳定,韵律特征一致性较强。

此外,本书对现代汉语普通话单字音和双字组的语音韵律特征分析有如下发现:

(1)家庭语言背景对语言习得有显著影响。在本书中,新、老北京人普通话四个声调音高 T 值之间没有显著性差异,但在内部一致性方面表现不同。老北京人把北京话作为母语学习,他们在上学之前接触更多的是父母讲的北京话,上学之后接触更多的是普通话。新北京人的家长为了让孩子受到更好的教育,在家庭中普遍讲普通话。因此,新北京人把普通话作为母语学习,造成老北京人讲普通话的内部差异大于新北京人。

(2)现代汉语普通话单字音声调音长排序均为:上声 > 阳平 > 阴平 > 去声。上声和阳平两个声调在调形上都有一定的"凹"的特征,声调先放松,后由于上升而"收紧"。上声在孤立的单音节中"凹"的低点要低于阳平,上升时所需要的时间要更长一些,因此上声的时长也要比阳平更长一些。阴平是高平调,声带需要保持较长时间的"紧张"状态,需要的时间也要比去声长。去声是高降调,声调由紧张到放松,到自然状态需要的时间最短。

(3)现代汉语普通话单字音稳态段就是特征段,非稳态段就是动态段。由特征点构成的声调稳态段不容易发生变化,稳定性高,在普通话四个声调的调位区中发挥主要作用;相反,由非特征点构成的动态段,离散度较大,稳定程度相对较低,变化的可能性大。每个声调的音高、音长、音强在声学表现上各有所长,各有所短,互为补充。例如,在音高上占优势的阴平,在音长上显得较短。这样通过音高、音长和音强的相互调节,四个声调在实际交流中都能得到有效传递,实现负载信息的传递。

(4)性别类型对现代汉语普通话双字组音长和音强影响表现不一致。在音长方面,男性发音人和女性发音人在产出双字组时,都是后字音节时长要大于前字音节时长。在音强方面,男性发音人普通话双字组前、后字音节音量比基本相等;女性发音人普通话双字组后字音节音量比大于前字音节音量比。

(5) 语法类型对现代汉语普通话双字组的音长和音强影响一致。在音长方面,并列结构和偏正结构中后字音节时长长于前字,但是动宾结构的双字组中,前字的音节时长要比后字音节时长短。在音强方面,偏正结构和并列结构的双字组都是后字位置音节音量比大于前字位置音节音量比,但是动宾结构的双字组前字位置的音节音量比大于后字位置的音节音量比。

第2节 不足与展望

(1) 实验测试材料的选择有待完善。本书以设计的实验材料为基础,对汉语普通话声调在单字音和双字组中的语音特征,以及现代汉语歧义结构进行了深入细致的分析。但是,设计的实验语料及语境难免与日常交流语料之间存在差距,今后需要进一步对日常交流话语进行分析,在实验中加入更多新颖、鲜活的歧义句,使研究材料更加丰富,以检验实验语料结论的普遍性。

(2) 声学与感知、生理研究相结合有待加强。本书主要从声学方面研究了普通话声调在单字音和双字组中的语音韵律特征,以及现代汉语结构层次歧义和结构关系歧义在不同语境下的语音韵律特征。今后还可以从感知和生理等多方面进一步加强对现代汉语结构层次歧义和结构关系歧义语音韵律解歧线索的考察,采用知觉判断或合成听辨的方法,对声学特征和言语感知的关系进行深入分析,探讨从讲话者角度所体现的消歧韵律特征中,哪些是能够被听话者有效接收并利用其进行解歧的,哪些特征是进行解歧的关键因素,哪些是伴随特征。

(3) 语料数量和实验人数有待扩大。语料数量和实验人数的扩大可以使实验结果更具有统计学上的意义,并找出更精确的数值信息。同时,应对歧义短语本身和语境句的句内因素进行更加严格的控制,尽量减少其他因素对实验结果的影响。

附 录

一、"得"字句

问:现在什么状况?
情境1:我偷吃了孩子的苹果,被孩子发现,孩子一直追我,孩子很疲惫。
回答:这孩子追得我很疲惫。("我"是"追"的受事)
情境2:孩子偷吃了苹果,落荒而逃,我一直追孩子,我很疲惫。
回答:这孩子追得我很疲惫。("我"是"追"的施事)

二、"也"字句

句子1:王老师也教英语。
情境1:学校很多老师教英语,除了李老师,还有王老师。
回答:李老师教英语,王老师也教英语。
情境2:王老师英语专业出身,他不仅自己不断学习,还教英语。
回答:王老师不仅学英语,王老师也教英语。
情境3:王老师会多门语言,不仅会日语,英语也很好。
回答:王老师不仅教日语,王老师也教英语。

句子2:王老师也是学生。
情境1:李老师和王老师都在进修,既是老师,也是学生。
回答:李老师是学生,王老师也是学生。
情境2:王老师不仅在单位教学生,还在进修学校当学生。
回答:王老师不仅教学生,王老师也是学生。
情境3:王老师在家是温暖的父亲,在进修的学校是上进的学生。
回答:王老师不仅是父亲,王老师也是学生。

三、"的"字句

句子1:开刀的是张斌。
情境1:做开刀这个动作的人是张斌,你怎么读下面的话?
回答:开刀的是张斌。
情境2:开刀的对象是张斌,你怎么读下面的话?
回答:开刀的是张斌。

句子 2：同意的是张斌。

情境 1：做出同意的人是张斌，你怎么读下面的话？
回答：同意的是张斌。
情境 2：同意的对象是张斌，你怎么读下面的话？
回答：同意的是张斌。

句子 3：审查的是张斌。

情境 1：做审查这个工作的人是张斌，你怎么读下面的话？
回答：审查的是张斌。
情境 2：审查的对象是张斌，你怎么读下面的话？
回答：审查的是张斌。

句子 4：认可的是张斌。

情境 1：做出认可的人是张斌，你怎么读下面的话？
回答：认可的是张斌。
情境 2：认可的对象是张斌，你怎么读下面的话？
回答：认可的是张斌。

四、"和"字句

句子 1：衣服的袖子和口袋。

情境 1：妈妈要帮你缝东西，问你哪里破了。你告诉妈妈你穿着的衣服有两个地方破了，分别是袖子和口袋。
回答：衣服的袖子和口袋。
情境 2：妈妈要帮你缝东西，问你哪里破了。你告诉妈妈你穿着的衣服袖子破了，另外还有你手里拿着的口袋也破了。
回答：衣服的袖子和口袋。

句子 2：桌子和椅子的腿。

情境 1：修理师傅上门修理家具，问你哪里需要修。你告诉师傅桌子的腿和椅子的腿都需要修理。
回答：桌子和椅子的腿。
情境 2：修理师傅上门修理家具，问你哪里需要修。你告诉师傅桌子整个都坏了需要修理，还有椅子的腿也坏了需要修理。
回答：桌子和椅子的腿。

五、动宾/偏正结构

句子 1：进口彩电非常不错。

情境 1：进口彩电比进口摩托车更赚钱、更创收。
回答：进口彩电非常不错。

情境2：虽然进口彩电质量不高，但价格便宜。
回答：进口彩电非常不错。

句子2：组装电脑非常时尚。

情境1：学会组装电脑比学会修理电脑更实用、更流行。
回答：组装电脑非常时尚。
情境2：使用组装的电脑比使用一体式电脑更流行。
回答：组装电脑非常时尚。

六、同位/偏正结构

句子1：我们父母非常棒。

情境1：我们作为父母表现非常棒。
回答：我们父母非常棒。
情境2：我们的父母表现非常棒。
回答：我们父母非常棒。

句子2：教授朋友非常棒。

情境1：教授作为朋友表现非常棒。
回答：教授朋友非常棒。
情境2：教授的朋友表现非常棒。
回答：教授朋友非常棒

参 考 文 献

[1] BIRCH S, CLIFTON C. Effects of varying focus and accenting of adjuncts on the comprehension of utterances [J]. Journal of Memory and Language, 2002, 47 (4): 571-588.

[2] BOCK J, MAZZELLA J R. Intonational marking of given and new information: Some consequences for comprehension [J]. Memory & Cognition, 1983, 11 (1): 64-76.

[3] CUTLER A. Beyond parsing and lexical look-up [M]//WALES R J, WALKER E. New approaches to language mechanisms: A collection of psycholinguistic studies. Amsterdam: North-Holland, 1976.

[4] HOWIE J M. Acoustical studies of mandarin vowels and tones [M]. New York: Cambridge University Press, 1976.

[5] LEHISTE I. Phonetic disambiguation of syntactic ambiguity [J]. The Journal of the Acoustical Society of America, 1973, 53 (1): 380.

[6] 贝先明,向柠. 实验语音学的基本原理与 praat 软件操作[M]. 长沙:湖南师范大学出版社,2016.

[7] 曹剑芬. 汉语普通话语句时长分布的基本格局[J]. 中国语言学报,2010(7): 180-186.

[8] 邓丹,石锋,吕士楠. 普通话双音节韵律词的时长特性研究[M]//第七届中国语音学学术会议论文集. 北京:北京大学出版社,2006.

[9] 邓丹. 汉语韵律词研究[M]. 北京:北京大学出版社,2010.

[10] 邓巨,秦中书. "这 N"语法构式、意义及其推导[J]. 重庆科技学院学报(社会科学版),2007(1):82-83.

[11] 方小童,张爱玲. 从配价理论看"V 的是 N"结构的歧义生成及分化[J]. 云南师范大学学报(对外汉语教学与研究版),2019,17(4):72-76.

[12] 冯隆. 北京话语流中声韵调的时长[M]//林焘,王理嘉. 北京语音实验录. 北京:北京大学出版社,1985.

[13] 冯勇强,初敏,贺琳,等. 汉语话语音节时长统计分析[M]//蔡莲红. 新世纪的现代语音学——第五届全国现代语音学学术会议论文集. 北京:清华大学出版社,2001.

[14] 高明明. 普通话语句中强调重音韵律特征的实验研究[D]. 北京:北京大学,1993.

[15] 韩迎春,莫雷. 汉语动/名词词类歧义消解初探[J]. 心理科学,2010,33(6): 1338-1343.

[16] 胡明扬. 胡明扬语言学论文集[M]. 增订本. 北京:商务印书馆,2011.

[17] 黄彩玉. "$V_双 + N_双$"歧义结构的实验语音学分析[J]. 语言教学与研究,2012(3):

98-104.

[18] 黄彩玉. "都"字歧义结构语音实验角度的再分析[J]. 语言研究,2013,33(3):52-57.

[19] 津熊良正,孟子敏. 汉语语法歧义句消除歧义现象的韵律特征[M]//赵金铭. 语音研究与对外汉语教学. 北京:北京语言文化大学出版社,1997.

[20] 柯航. 现代汉语单双音节搭配研究[M]. 北京:商务印书馆,2012.

[21] 李淑珍. 论N对句式"V+的+是+N"歧义的影响和制约[J]. 科学之友(B版),2008(11):76-77.

[22] 李卫君,杨玉芳. 从讲话者和听话者两个角度看韵律的句法解歧[J]. 心理科学进展,2007,15(2):282-287.

[23] 梁磊,石锋. 普通话两字组的音量比分析[J]. 南开语言学刊,2010(2):35-41,186.

[24] 梁之安. 汉语普通话中声调的听觉辨认依据[J]. 生理学报,1963(2):85-92.

[25] 林茂灿,林联合,夏光荣,等. 普通话二字词变调的实验研究[J]. 中国语文,1980(1):74-78.

[26] 林茂灿,颜景助,孙国华. 北京话两字组正常重音的初步实验[J]. 方言,1984(1):57-73.

[27] 林茂璨. 音高显示器与普通话声调音高特性[J]. 声学学报,1965(1):8-15.

[28] 刘复. 四声实验录[M]. 上海:群益出版社,1924.

[29] 吕叔湘. 现代汉语八百词[M]. 北京:商务印书馆,1999.

[30] 倪崇嘉,刘文举,徐波. 汉语韵律短语的时长与音高研究[J]. 中文信息学报,2009,23(4):82-87.

[31] 邵敬敏,任芝锳,李家树. 汉语语法专题研究[M]. 桂林:广西师范大学出版社,2003.

[32] 沈家煊. 汉语"大语法"包含韵律[J]. 世界汉语教学,2017,31(1):3-19.

[33] 沈炯. 北京话声调的音域和语调[M]//林焘,王理嘉. 北京语音实验录. 北京:北京大学出版社,1985.

[34] 沈炯. 汉语音高载信系统模型[M]//石锋,潘悟云. 中国语言学的新拓展——庆祝王士元教授六十五岁华诞. 香港:香港城市大学出版社,1999.

[35] 石锋,廖荣蓉. 北京话的声调格局[M]//石锋,廖荣蓉. 语音丛稿. 北京:北京语言学院出版社,1994.

[36] 石锋,冉启斌. 普通话上声的本质是低平调——对《汉语平调的声调感知研究》的再分析[J]. 中国语文,2011(6):550-555,576.

[37] 石锋,王萍. 北京话单字音声调的分组统计分析[J]. 当代语言学,2006(4):324-333,379-380.

[38] 石锋,王萍. 北京话单字音声调的统计分析[J]. 中国语文,2006(1):33-40,96.

[39] 石锋,阎锦婷. 试解普通话语调原理[J]. 南开语言学刊,2021(2):39-51.

[40] 石锋. 天津方言双字组声调分析[J]. 语言研究,1986(1):77-90.

[41] 石锋. 语音格局——语音学与音系学的交汇点[M]. 北京:商务印书馆,2008.

[42] 石锋. 语音平面实验录[M]. 北京:北京语言大学出版社,2012.

[43] 石锋. 韵律格局:理念和方法[J]. 实验语言学,2019(2):1-8.

[44] 石林,温宝莹. "洋腔洋调"初探——美国学生汉语语调习得[J]. 南开语言学刊,2012(1):42-49,185-186.

[45] 唐雪凝,张金圈. 表感叹性评价的"这 NV 的"构式分析[J]. 语言科学,2011,10(2):182-189.

[46] 王芳,肖少北. 汉语歧义消解认知加工的研究方法述评[J]. 海南师范大学学报(自然科学版),2020,33(4):470-474.

[47] 王红厂. "V^2+的+是+N"歧义格式补议[J]. 社科纵横,2004(5):157-158.

[48] 王晶,王理嘉. 普通话多音节词音节时长分布模式[J]. 中国语文,1993(2):112-116.

[49] 王力. 从元音的性质说到中国语的声调[J]. 清华大学学报(自然科学版),1935(1):157-183.

[50] 王萍,石锋,熊金津,等. 汉语普通话"是"字焦点句的韵律表现[J]. 语言文字应用,2019(3):134-143.

[51] 王希杰. 节律和歧义[J]. 汉语学习,1980(5):34-37.

[52] 王韫佳. 音高和时长在普通话轻声知觉中的作用[J]. 声学学报,2004(5):453-461.

[53] 吴新华. 汉语是怎样排除结构歧义的[J]. 南京师大学报(社会科学版),1984(4):27-34.

[54] 吴宗济. 普通话语句中的声调变化[M]//吴宗济. 吴宗济语言学论文集. 北京:商务印书馆,2004.

[55] 吴宗济. 普通话语音合成中协同发音音段变量的规正处[M]//吴宗济. 吴宗济语言学论文集. 北京:商务印书馆,2004.

[56] 吴宗济. 语音格局——语音学与音系学的交汇点序[M]//石锋. 语音格局——语音学与音系学的交汇点. 北京:商务印书馆,2008.

[57] 向然. "V 的是 N"歧义情况刍议[J]. 现代语文(语言研究版),2009(8):29-31.

[58] 熊子瑜. 韵律单元边界特征的声学语音学研究[J]. 语言文字应用,2003(2):116-121.

[59] 薛莉娅. 韵律线索在第二语言口语加工中的使用——以汉语为母语的英语学习者的韵律解歧研究[D]. 杭州:浙江大学,2015.

[60] 杨敬宇. "人称代词+指人名词"结构的歧义[J]. 汉语学习,1998(3):55-58.

[61] 杨顺安. 北京话多音节组合韵律特性的实验研究[J]. 方言,1992(2):128-137.

[62] 杨晓安. "没有 VP 的 NP"型结构消歧的韵律手段[J]. 南开语言学刊,2011(2):14-21,184.

[63] 杨亦鸣. 试论"也"字句的歧义[J]. 中国语文,2000(2):114-125,189-190.

[64] 杨玉芳,黄贤军,高路. 韵律特征研究[J]. 心理科学进展,2006,14(4):546-550.

[65] 杨玉芳. 句法边界的韵律学表现[J]. 声学学报,1997,22(5):414-421.

[66] 叶军. 汉语韵律词语音研究[J]. 吉林师范大学学报(人文社会科学版),2014,42(2):36-43.

[67] 殷作炎. 歧义和话语节律[J]. 语文研究,1990(3):23-29.

[68] 于秒. "V+N$_1$+的+N$_2$"式歧义词组韵律消解作用的实验研究[J]. 南京理工大学学报(社会科学版),2011,24(5):82-87.

[69] 张宝林. "是……的"句的歧义现象分析[J]. 世界汉语教学,1994(1):15-21.

[70] 张妍,彭程飞,周丽娉. 普通话三字组声调语音韵律特征分析[J]. 实验语言学,2021,10(2):91-96.

[71] 张妍,石锋. 普通话单字音声调的统计分析[J]. 中国语音学报,2016(1):38-45.

[72] 张妍. 从交际语境角度解读欧亨利代表作之《麦琪的礼物》[J]. 短篇小说(原创版),2014(8):49-50.

[73] 张妍. 大学英语语音语调创新教学研究[J]. 吉林广播电视大学学报,2016(4):122-123.

[74] 张妍. 华裔戏剧与中国本土戏剧的跨文化交流评析[J]. 戏剧文学,2018(11):65-68.

[75] 张妍. 美国小妞电影的审美诉求[J]. 电影文学,2016(4):34-36.

[76] 张妍. 普通话双字组声调语音韵律特征分析[J]. 唐山学院学报,2020,33(5):44-50.

[77] 张妍. 普通话四字组声调音高特征分析[J]. 实验语言学,2022(3):23-34.

[78] 赵晨. 中国英语学习者词汇歧义加工中的语境效应[J]. 外语与外语教学,2012(2):55-59.

[79] 赵元任. 汉语口语语法[M]. 北京:商务印书馆,1979.

[80] 赵元任. 赵元任语言学论文集[M]. 北京:商务印书馆,2002.

[81] 郑波,王蓓,杨玉芳. 韵律对指代歧义的解歧作用及其机制[J]. 心理学报,2002,34(6):567-572.

[82] 郑波. 汉语语句韵律特征与句法、语义关系的实验研究[D]. 北京:中国科学院心理研究所,2001.

[83] 朱德熙. 汉语句法中的歧义现象[M]//朱德熙. 现代汉语语法研究. 北京:商务印书馆,1980.

[84] 朱德熙. 语法讲义[M]. 北京:商务印书馆,1982.

[85] 邹玉华. "的"字结构充当主语的特殊"是"字句[J]. 汉语学习,2022(5):64-71.

后 记

科罗拉多州的气温创纪录地骤降三十七度,大雪来袭,窗外银装素裹。在又一遍检查书稿之后,终于进入"后记"部分,为这一阶段性的科研工作做最后的收尾。

时间如白驹过隙,往往在来不及回味之时,就已经匆匆流逝。回首这段时光,焦虑、彷徨时有,夜不能寐常在,这一路要感谢的人太多太多,没有他们的支持和鼓励,就没有项目和书稿的完成,在此谨向他们致以最衷心的感谢。

首先,感谢我的导师石锋教授,不仅在读博士期间对我给予细心指导,更是在博士毕业之后,时常关心我的研究和生活,鼓励我在科研道路上不断前行,鼓励我"不怕慢,只怕站",每每为我取得的一点点进步而开心。导师组织的每周"实验语言学+"云上论坛,前辈学者的精彩报告,同门之间的交流,不仅开阔了我的研究视野,也让我感受到了实验语言学研究的魅力。导师的平易近人、渊博的学识、严谨的治学态度,对我的人生产生了积极的影响。他还经常分享科研感悟,为我们后辈指明研究方向和道路,使我获益良多。

其次,感谢我的同门师兄、师姐、师弟、师妹,每当我需要帮助,求助于他们的时候,他们总是毫不犹豫地伸出援助之手。尤其感谢贝先明师兄在软件操作方面的指导;感谢黄彩玉师姐专门邮寄相关研究专著给我,为我答疑解惑,甚为感动。

还要感谢姚春林教授对我研究的督促和指导,把我从低谷期拉回到科研道路上,使我重拾做科研的信心,他成为我亦师亦友的科研伙伴,给我诸多诚恳的建议和帮助,不断鼓励我在科研道路上努力奋斗。

感谢单位领导的鼓励和支持。无论是申请全日制考博,还是申请国家留学基金委的资助访学,唐山学院外国语学院和国际教育交流中心的领导都给我诸多鼓励和支持。感谢同事的理解,并分担了教学任务,让我得以顺利赴美访学,专心完成项目书稿。

感谢本项目的发音人,没有他们的帮助,项目便无法进行,我则是"巧妇难为无米之炊"。当然还要感谢在数据收集过程中给我很多帮助的学生:秦泽旺、孙萌、谭丽婧、王凯旋、杨佳琪、周婧柔。他们年轻而充满朝气,学习的热情感染我,推动着我,让我对项目研究不敢懈怠。祝他们考研顺利,都能进入自己理想的学校进一步深造。

最后,特别要感谢我的父母、公婆、先生和女儿。感谢父母养我长大。从小身体羸弱的我让父母对我的养育付出更多的艰辛,也为我操碎了心。感谢公婆帮我照顾女儿,使我不必为过多的家务琐事所烦累。感谢我的丈夫林先生和女儿木木,成为我强大的精神后盾,给我安全感,让我知道我值得被爱,即使做不好也没有关系。感谢他们包容我做科研期间的喜怒无常,对我情绪的照顾,为我提供无私的支持和鼓励。

我还要感谢所有支持过、鼓励过我的人,哪怕只是一句"加油!"。原谅我无法一一列出你们的姓名,但是我会带着你们给我的那一份温暖和力量继续前行。

行文至此,内心百感交集,有喜悦、不安和失落,喜悦的是书稿终于完成,完成一项艰巨的任务;不安的是自己科研水平有限,拙文虽已完成,但仍有诸多纰漏;失落的是一段科研旅程的结束意味着下一段聚焦新科研选题焦虑期的开始。内心时常想自己何德何能,得到诸多师友的无私帮助,唯有希望自己与内心和解,不断努力,因为虚心使人进步,心虚使人更进步。

2022年快结束了,我要挥别过去,翻开人生的新篇章。人生就是要不停地往前走,因为只有往前走才会找到路。

2022 年 12 月 31 日
于 Lawrenson Hall,UNC